WAC BUNKO

日本トンチンカン悪者列伝

北岡俊明

WAC

プロローグ――女子高生の日　★日本相撲協会への提案★

女子高生が砂かぶりを十重《とえ》二十重《はたえ》にかこむ時

かねがね、大相撲を見ていて気になっていることがある。すなわち土俵の周り、いわゆる砂かぶりに座っているのは、ジイさんかバアさんか、オッサンかオバサンばかりであることだ。ときどき着物姿のキレイどころが座っているが、大年増である。若い男女はほとんどいない。理由は、砂かぶり席の値段はべらぼうに高く、普通の庶民にはなかなかチケットが手に入らないからだ。ずばり特権階級の特権席である。

しかし、それでは大相撲は、年寄や金持ちの娯楽で終わり、マーケットは広がらない。とくに若い女性をゲットできない。今、大相撲は人気絶頂であるが、栄枯盛衰は世の習い。突然、不祥事が勃発し、人気がガタ落ちになることもありえる。世の中一寸先は闇である。

もともと相撲協会は、内向き志向であり、金持ち志向であり、利権・特権志向である。自分達は貧乏人出身のくせに貧乏人を相手にしていない。しかし大衆という貧乏人を顧客の中心に据えないと、相撲協会の未来はない。なぜコンビニが儲かっているのか、百円の商品を買う大衆を主たるターゲットにしているからだ。薄利多売は商売の根本原則である。

実は、ここに貴乃花が相撲協会を飛び出さざるをえなかった根本原因がある。貴乃花は、開かれた大相撲、大衆志向を唱える改革派だからだ。いつの世も改革派は異端者として排除される宿命にある。


さて、ここで頭を切り替え、相撲協会に対して一つのアイデアを提供しよう。

想像してみなはれ——とつぜん阿波弁になって恐縮だが——土俵の周りを、花も恥じらう女子高生が、十重二十重にかこんだらどうなるか！　すなわち、本場所中に「女子高生の日」を設けて、砂かぶりが女子高生であふれると、どうなるかということだ。

そりゃ土俵は一瞬のうちに華やかな花園になるだろう。力士なんぞは、ハッスルして、どの取り組みも、熱戦、熱戦、熱戦のオンパレードになるのは間違いない。とくに独身若手の力士などは、取り組む前、控室にいる時から、鼻血をブーブー出しているだろう。どの力士も、手ぬぐい片手に鼻血をふきふき、土俵に入場してくるだろう。女子高生の前では、ユンケル黄帝液も、アリナミンも真っ青なのだ。

モンゴル人力士を駆逐して日本人力士が増えるだろう

テレビを見ている人だって、砂かぶりのオッサンやオバサンを見るより、女子高生を見る方がうれしいはずだ。ひまなオッサンなどは、鼻の下を長くして、何時間もテレビにかじりつくだろう。取り組みよりも女子高生ばかりを見ているオッサンが増えるだろうが、結果として、相撲人気を大いに盛り上げることに貢献する。枯れ木も山のにぎわいというではないか。

国技館が女子高生の黄色い声援で盛り上がると、今まではフンドシ姿を敬遠していた若者が、入門を志願して相撲協会に押しかけるだろう。男子バレーボールの試合を見たら分かる通り、観客席は若い女であふれている。「ソーレ！」とか、「キャーッ」とか、「ステキー」とか、黄色い声の大合唱である。あの大声援が、大相撲でも実現できれば、苦虫をつぶしたような顔の八角親方ですらバク転（後方倒立）をして、大はしゃぎするだろう。

肥満力士は、身体を絞り、筋骨隆々に改善する。体毛の濃い力士は体毛を剃る。フンドシにデザインを入れたり、真っ赤にしたり、香水をふって登場する力士も現れるかもしれない。その結果、強い日本人力士がどんどん誕生し、モンゴル人力士を駆逐し、大相撲は若貴時代のような人気スポーツとして復活するだろう。

女子大生の日・看護婦さんの日・宝塚歌劇団の日

観戦する女子高生は、全国の女子高生に応募してもらい抽選で決める。座席は砂かぶり席を中心に升席も解放する。一年に一回くらいは、国技館全体を女子高生オンリーとする。この日は、力士と親方と行司以外は男子禁制である。さらに、女子高生の観戦の必須条件はセーラー服である。筆者などは想像しただけでうれしくなる。女子高生の日は、朝からテレビの前に陣取るとしよう。

さらに女子高生の日を拡大して、女子大生の日、看護婦さんの日、宝塚歌劇団の日、神楽坂芸者の日などを設けてマーケットを拡大する。たまには、バアサンの日も設ける。これは昔の娘として、その功績をたたえるためである。

女子高生の乗数効果……少子化を防ぎ、GDPを増やす

女子高生の日は、ケインズ経済学でいうところの乗数効果を生むだろう。すなわち女子高生を見るために、男子高校生が集まる、大学生も、若いサラリーマンも集まる、ついでに頭の禿げたオッサンも集まる。若い男が集まると、若い女も集まる、さらに年増や後家さんも集まる……というように無限に広がる。

そうするとカップルが誕生し結婚する。子供が生まれ、少子化がストップし、人口が増える。その結果、有効需要が増え、ＧＤＰ（国民所得）が増大し、経済が成長する。有効需要の増加↓国民所得の増加↓有効需要の増加↓国民所得の増加という連続である。これが乗数効果である。

結局、女子高生の日を設けると、少子化を防ぎ、人口が増えて、ＧＤＰが増大し、日本経済は拡大する。ケインズ経済学では、乗数効果による有効需要の増大というが、庶民的には「風が吹いたら桶屋が儲かる」である。めでたし、めでたし！

二〇一九（令和元）年六月吉日

北岡俊明

日本トンチンカン悪者列伝

●目次

プロローグ――女子高生の日　★日本相撲協会への提案★……3
女子高生が砂かぶりを十重二十重《とえはたえ》にかこむ時……3
モンゴル人力士を駆逐して日本人力士が増えるだろう……5
女子大生の日・看護婦さんの日・宝塚歌劇団の日……6
女子高生の乗数効果……少子化を防ぎ、GDPを増やす……6

第一章　スポーツのトンチンカン……21
貴乃花に諫言《かんげん》する……22
●貴乃花よ、弟子を捨てちゃいけないよ●義理と人情を秤にかけりゃ
小平奈緒のトンチンカン……25
●小平に対する韓国人スターターの狡賢さ
歴史からみる韓国人選手の卑劣極まりない行為……29
●事例その1・泉選手の腕を折ろうとした韓国人選手●事例その2・斉藤仁選手の執念の復讐劇●事例その3・北朝鮮の選手は暴力を使う
東京マラソンのトンチンカン……33

鈴木大地のトンチンカン……35
●しっかりせい、鈴木長官よ●なぜ、野球・ソフト・空手は落選したのか●韓国には絶対に気を許してはならない
ワールドカップ日韓共催の悪夢……38
白鵬よ、早く辞めろ……40
●白鵬の問題行動
大相撲の力士の立ち合いと行司の不思議……43
●阿吽の呼吸という不思議な立ち合い●行司はレフリーではない●勝負審判は三つの判定しかない
三浦雄一郎を断念させた女医のトンチンカン……47
人差し指を突き上げるトンチンカン……49

第三章　悪夢のような民主党のトンチンカン……51

悪夢のような民主党とは……52
●品性下劣な福山哲郎
権力に執着する辻元清美……55

蓮舫という勘違い女……56
国民の敵・小西洋之の醜い姿……57

第三章　関口宏・『サンデーモーニング』を私物化したテレビ屋
……61
株式会社三桂によるテレビの私物化……62
●関口宏残ってTBS滅ぶ●関口宏と『サンデーモーニング』をぶっつぶせ●リベラル気取りのテレビ貴族●TBSは反日左翼の牙城である
寺島実郎、こんな頭の悪い奴は見たことがない……66
●三井物産の価値を下げる寺島実郎●日本総合研究所は二つあるが、寺島はどっちだ
張本勲のトンチンカン……68
●張本は悪しき在日韓国人の見本である●李相花の涙の意味が分からない張本の頭の悪さ●やはり張本は韓国人である
従軍慰安婦像は世界中で共有すべしと発言した田中優子……71
トランプ大統領を非難した谷口真由美……72
北朝鮮から武装難民が流入しても危険ではないと安田菜津紀は断言……73
青木理・一周遅れのマルクス・レーニン主義者……75

第四章　桑田佳祐のトンチンカン

●桑田佳祐は劇団四季では使えない●天皇陛下を侮辱した桑田の傲慢無礼 …… 77
必殺仕掛け人のトンチンカン東山紀之 …… 81
●東山紀之に中村主水は無理筋だ●東山のセリフは歯切れが悪すぎる
剣客商売は藤田まことの当たり役だ …… 83
●北大路欣也では秋山小兵衛は無理筋だ●北大路欣也では三屋清左衛門も無理筋だ
『笑点』はつまらん！ …… 85
●偉大なるマンネリ番組●落語家としての実力は疑問である●天才、神田松之丞
左翼かぶれのトンチンカン芸能人 …… 89
●吉永小百合のトンチンカン●加藤登紀子のトンチンカン
おバカタレント・ローラのトンチンカン …… 92
●芸人は分限をわきまえろ
俳優のトンチンカン …… 94
●名刺を持たない二流俳優●礼儀正しい俳優たち●加藤頼のトンチンカン●奥田瑛二よ、初心忘るべからず
なぜ日本映画はつまらないのか …… 101

第五章　テレビタレントのトンチンカン……105
テリー伊藤のトンチンカン……106
●尊大なテリー伊藤の学歴信仰
欽ちゃんはほんとうに偉い……107
●七十八歳の大学生●仏教学部というのがすばらしい
大竹まことよ、君は何様のつもりだ……109
爆笑問題をのさばらせるテレビ界は甘すぎる……110
高田純次とポルシェ……芸人の奢りと慢心……111
●ポルシェは奢りと慢心の証明だ●お笑い芸人は笑ってもらってなんぼだ
第六章　キャスターのトンチンカン……115
●宮根誠司・賞味期限が切れた男●エセ・リベラル古舘伊知郎の終焉●久米宏も過去の人である●日本人は保守的な民族である●みのもんた・あの人は今何をしている
コメンテーターのトンチンカン……120
●なかにし礼・リベラルを気取るニセモノ文化人●玉川徹・ただの理屈っぽい男

第七章　タクシー代のトンチンカン

第七章　タクシー代のトンチンカン …… 125

日本のタクシーは高すぎる …… 126

●なぜ、タクシー会社はつぶれないいか●最高のおもてなしは料金を安くすることだ●安いタクシーを提供し高齢者ドライバーの運転をやめさせろ●タクシーの相乗りは問題の解決策にならない●過当競争という競争はない

武田のビタミン剤・アリナミンのトンチンカン …… 131

バター・チーズのトンチンカン …… 132

方程式のトンチンカン……数学は必要なのか …… 133

●人生において方程式は役に立つのか●織田信長は方程式を知らなかったが英雄だ●学問に目的と意味を与えよ●人生はそろばんを知っていれば十分だ●暗唱という方法

坊主のトンチンカン …… 140

●日本のお寺は免税天国●お寺の坊主はほんとうに偉いのか……有名寺院の気楽な稼業

日本人よ、方向指示器(ウインカー)を早く出せ …… 144

日本の車は歩行者を見ても止まらない …… 145

日本人の記者会見のトンチンカン …… 146

●ディベート技術をマスターすべし●記者会見の三つの方法

第八章　村上春樹のトンチンカン……149
村上春樹は黴のはえたリベラル左翼だ……150
●ドナルド・キーンは村上春樹を評価しなかった●紋切り型の陳腐な歴史観
坂本龍一は陳腐な反戦平和主義者だ……153
●紋切型の反戦左翼●坂本龍一の幼稚な発想●坂本龍一よ、論理的に語れ●坂本龍一よ、トランプはすばらしい男だ
写真家・立木義浩という偽善者……158
●立木よ、テメエは何様のつもりだ●立木よ、ひたいに汗する庶民を撮れ
ゾゾタウンの前澤友作のトンチンカン……161
●君は飛田という街を知っているか●飛田は大阪が誇る文化である
第九章　左翼偏向の日弁連のトンチンカン……165
日本弁護士連合会(日弁連)は反日左翼である……166
弁護士とは鬼畜を弁護する鬼畜である……168
●アメリカでも人気の悪を対峙する闇の仕事人●ヤメ検のトンチンカン……恥知らずな職業

特捜部のトンチンカン……173
●長期拘留のトンチンカン●国策捜査の恐怖●わては高知の厚子じゃき、なめたらいかんぜよ●カルロス・ゴーンの保釈
刑のディスカウント……裁判官はディスカウント店か……179

第十章　児童虐待のトンチンカン……183

児童相談所よりも真っ先に父親を逮捕し勾留すること……184
●心愛《みあ》ちゃんの悲しい叫び
この事件の問題は以下の通りである……187
船戸結愛《ゆあ》ちゃん虐待死事件から何も学んでいない……188
●涙をさそう結愛《ゆあ》ちゃんの手紙
警察よ、真っ先に動け、そして逮捕せよ……190
私人逮捕を行うべし……191
犯人をブルーシートで隠すトンチンカン……192
犯人の顔にぼかしを入れるトンチンカン……194
個人保護法のトンチンカン……194

第十一章　防衛問題のトンチンカン

第十一章　防衛問題のトンチンカン …… 197
日本は戦争を辞せざる国家たれ …… 198
●人間が存在するかぎり戦争は絶対になくならない●酔っ払い議員丸山穂高の発言は間違っていない●戦争は国際紛争を解決する最終手段である●防衛費ＧＤＰ二％を達成すべし……韓国の軍事費に追いつき追い越される！
驚くなかれ、韓国の防衛予算は四兆七千億円である …… 201
アホの一つ覚え・専守防衛から脱皮せよ …… 202
●消極的な受け身の姿勢…専守防衛論の危険●専守防衛は破綻している
日本の防衛政策の何が問題か …… 205
軍事力が経済力を規定する …… 208
防衛費ＧＤＰ二％は日本の成長エンジンとなる …… 210
尚武の気風を醸成し、質実剛健の若者を育てよ …… 211

第十二章　沖縄のトンチンカン……いい加減にしろ沖縄、甘ったれるな沖縄

第十二章　沖縄のトンチンカン……いい加減にしろ沖縄、甘ったれるな沖縄 …… 215
守礼門は日本民族の屈辱の門 …… 216
●シナ皇帝の使節に三跪九叩頭の礼をした恥ずべき門である●三跪九叩頭の礼とは

沖縄もまた本土である……218
沖縄の基地を決める権利は日本人全員にあり……219
沖縄県民に告ぐ……普天間移設反対ならば具体的な案を出せ……220
●沖縄は日本防衛の最重要基地である●米軍基地問題は、日本を含む東アジアの平和のために存在する●普天間問題はひとり沖縄の問題ではなく全日本国民の問題である●沖縄に投じる血税は全日本国民が出すのだ●沖縄問題は日本のみで解決できない問題だ●見よ、この一大企業城下町、普天間を!
なぜ沖縄に対して違和感があるのか……226
●牛島満中将の霊に捧げる●日本防衛の最前線という沖縄の宿命●日本の象徴・戦艦大和が突入した……帝国陸海軍は全戦力を投入した
たかが一県知事が国家政策を揺るがすこと自体が異常である……230
反日の牙城としての沖縄……230
第十三章　大学のトンチンカン……233
大学はガラパゴス化している……234
●山中伸弥先生の講義を聴きたいものだ●学生を満足させる教え方の秘訣●三千億円の血税が投じられている●M学院大学の戸塚グラウンド●大学経営は、左うちわ、右せんぷう

機
大学は授業改革を行うべし……240
●細切れ型授業を止めるべし●文科系にも技術教育を行うべし
東京駅のトンチンカン……244
●東京駅の景観を背後の高層ビルが壊している●東京のスプロール化・無秩序な拡大●通勤地獄は解消されていた●戦史に学ぶ戦略的思考力●閑話休題……古都京都のスプロール化を防げ
エピローグ……249
その1――日本経済新聞「私の履歴書」……西暦を使うトンチンカン……249
その2――朝日新聞よ、たまには安倍さんを褒めたらどうだ……251
御礼を申し上げます……254

装幀／須川貴弘（WAC装幀室）

※写真にクレジットがないものは、パブリックドメインです。

第一章

スポーツのトンチンカン

貴乃花に諫言《かんげん》する

★貴乃花に捧げる詩★

母を捨て
兄を捨て
妻を捨て
弟子を捨て
貴乃花よ、次は何を捨てるのだ
おのれ自身か
はたまたこの日本か

●貴乃花よ、弟子を捨てちゃいけないよ

筆者は、長年、貴乃花の熱烈なファンとして、彼の言動には、文句なく全面的に賛同してきた。約三十年前、彼が入門した頃からのファンである。しかし、ここ数年の彼の言動を見るにつけ、少しずつ疑問がわいてきた。決定的にしたのは、引退した弟子の貴ノ岩が暴行事件を起こした時の突き放した言葉である。すなわち貴乃花は、不祥事を起こした貴ノ岩からかかって

きた電話にでなかったそうだ。その上、テレビのインタビューでは、貴ノ岩とは十年会わないと断言していた。

しかし、貴乃花よ、君の行動は、人の道に照らして間違っている。親方とは弟子の親である。ならば、いったいどこの国に、子を捨てる親がいるものか。親はどんなことがあっても子を捨ててはならない。子を捨てる親に、親を名乗る資格はない。親は死んでも子の親であり、子は死んでも親の子である。すなわち親は永遠に親であり、子は永遠に子である。

昭和二十年八月敗戦の後、ソ連軍に追われ、満洲からの逃避行の中、進退窮まった親は、子を中国人に託し、死んでいった。自分の命に代えても、子を救おうとするのが親である。貴ノ岩は進退極まっていたのである。その時、手を差し伸べ、助けるのが親である。我が子に対する親の愛情は理屈ではない。わが身を捨てても、わが身が殺されても、親は我が子のためにつくす。そこにあるものは無償の愛であり、無限の愛である。

●義理と人情を秤にかけりゃ

さらに貴ノ岩の断髪式に出席しなかった。あの行動も貴乃花が、貴ノ岩の親でないことを証明した象徴的な出来事である。断髪式は弟子である貴ノ岩の最後の土俵である。どんなことがあろうとも、現役、最後の土俵を祝ってやるのが、人間としての最低限の行動である。まして親ならば万難を排して出席するのが当たり前である。

高倉健が『唐獅子牡丹』で歌っている。「義理と人情を秤にかけりゃ、義理が重たい男の世界♪」と。貴ノ岩の断髪式に出席するのは、男としての義理である。さらに人情としても、出席し門出を祝ってやるのが人間というものである。

貴乃花が「一般社団法人貴乃花道場」を設立すると発表した。相撲道を通じて青少年を育成し、国内外で指導する計画である。「世界各地にできるだけ足を運んで、日本の伝統文化を伝えて参りたい」「力士になる子が増えてくれるとうれしい」と述べている。

貴乃花は理想主義者であり、イノベーター（革新者）であるゆえに、相撲協会の体制派とは相いれなかった。異端者として排除された。貴乃花は彼なりに迷い、悩んだだろう。貴乃花は、一世を風靡《ふうび》したヒーローである。多くの国民は、貴乃花の生き方をハラハラしながら見てきた。不器用な男だと、半ばあきらめていた。

しかし、これで貴乃花も、国民もふっきれた。やるべきことが決まった。あとは後ろを向かず、理想に向かって、真一文字に突き進んでもらいたい。貴乃花が悩んでいる姿など、国民は見たくないのである。小泉純一郎ではないが、「痛みに耐えてよく頑張った、感動した」、これこそが貴乃花である。

小平奈緒のトンチンカン

筆者は、筋金入りの反韓派である。韓国が大嫌いである。ゆえに、この節は、韓国に対して罵詈雑言を浴びせる予定である。ゆえに、韓国が好きな人は、飛ばしていただきたい。しかし、どのような反韓を書くのか興味のある人は、読んでもらいたい。少しはおもしろいと思うし、少しはお役に立つと確信している。

さて、韓国の平昌オリンピックの金メダリスト・小平奈緒選手について批判したい。小平のような美人・美形は筆者の好みなので、批判する気持ちが揺らぎそうだが、ここは心を鬼にして書くとしよう。

二〇一八年二月十八日、女子スピードスケートの五百メートルで小平奈緒が優勝した。そして、小平奈緒が、敗けた韓国の李相花選手を抱きしめ、慰めている光景が、国際的な美談として話題になった。しかし、筆者は強い違和感をもった。

写真：共同通信社

第一．小平奈緒であろうと誰であろうと、日本人が韓国人と抱擁するなど言語道断である。

まして韓国選手をいたわるなんぞ、とんでもない行為である。あれが美談だと、冗談ではない。美人でお人よしの小平よ、甘い、甘い、大甘だ。

なぐさめ、いたわり、同情したからといって、韓国人が、日本人に感謝するかといえば、とんでもない。朝鮮民族とは、そんな情が通じるような感傷的な民族ではない。朝鮮半島には、「泣く子は餅が一つよけいにもらえる」という諺がある。その証拠に、李相花は敗けた時点で、泣いていたはずだ。言い訳と同情のためである。

韓国人は泣くことによって、おのれの敗戦の言い訳にする。朝鮮民族は泣き民族である。泣き女という女もいる。他人の葬式に雇われてきて、大声で泣くのが仕事である。韓国人にとって、日本人の同情などは、カエルのツラにションベン、ブタに真珠、ドブネズミにゴキブリ、コリアンにウジ虫という洒落コトバで喩えるのが分かりやすいだろう。小平の行動は、韓国人の敗戦の言い訳に使われただけである。韓国人とは朝鮮民族である。日本人を拉致して恬《てん》として恥じず、血も涙もない民族であることを、絶対に忘れてはいけない。

第二．小平奈緒選手が韓国選手をいたわっている姿は、一見美談に見えるが、あれは小平が韓国に対して媚《こ》びているのである。平昌は韓国選手のホームだから、小平は無意識のうちに韓国の観客におもねったのである。小平は、同じことを他国の選手にしたのか。白人選手にも、黒人選手にも、アジアの選手にもしたのか。韓国選手だけではないのか。しかも相手は、韓国のヒロイン李相花である。小平も、ちゃっかりと計算している。

第三．真のスポーツマンシップとは、相手をいたわることではない。いたわるのは敗者に対する侮辱である。一流選手ならば、いたわらないことが、ライバルの名誉を重んじることになる。堂々と握手して讃えればいいだけのことだ。まして日の丸を李相花にかけるなど、言語道断である。日の丸が穢《けが》れる。

写真：共同通信社

第四．小平が滑った後、大声を上げた観客、たぶん日本人観客に対して、唇に手を当てて「シー、静かに」という態度をした。これを神対応などと、トンチンカンなことを言っているマスコミや解説者は、ものごとの見えない大バカか、大アホウである。

小平の行動は、次に滑る韓国の李相花への配慮である。これも韓国への媚びであり、おもねりであり、ごますりである。小平は、他国の選手が滑るとき、シーッと注意を喚起したのか。白人選手、黒人選手、アジア人選手にやったのか。

小平の行動はすべて李相花選手と韓国人観客への配慮か忖度である。これは韓国人に対する「おもねり」や「媚び」である。日本人として情けないかぎりである。日本人観客が、大声で小平を讃えるのは当然であって、それを制するのは小平の傲慢以外の何物でもない。感謝しこそすれ制するなんぞ、何様のつもりかといいたい。

●小平に対する韓国人スターターの狡賢さ

小平は、韓国人スターターの卑怯卑劣な行動を知っているのか。小平のスタート時、韓国人スターターが、意図的に、号砲を遅らせていた可能性があった。動画をみると、明らかに号砲が遅れていることを確認できる。あれは韓国人スターターの卑劣な行為であり、とんでもない嫌がらせである。

韓国とは、こういうアンフェアなことを平気でやる民族である。ソウルオリンピックや、日韓ワールドカップにおける数々の審判買収疑惑、あるいはバドミントン会場での風の問題、柔道大会での卑劣な行動、そして国際大会での韓国選手の不正行為は有名な話である。

ロンドンオリンピックの女子フェンシングの試合において、韓国のシン選手が敗けた。しかるに、ピスト（床）の上で、一時間も、泣きじゃくって、抗議した。あまりにも醜い姿だった。

あの試合について、筆者はユーチューブで、試合経過をすべて見たが、ドイツ選手が圧倒していた。シン選手は、圧倒され、みじめに敗戦したことについて、泣きじゃくって、自分の実力不足を覆い隠そうした。まさに見え見えの猿芝居であった。韓国人とは事実など、どうでもよくて、大声を上げて、判定が覆れば儲けものと思っている。スポーツマンシップなど、韓国選手の辞書には載っていない。小平はあまりにもお人よしである。もし李相花に敗けていたら、血税で送り出した国民に対して、なんとおわびするのだ。

韓国という国家・国民の卑劣さは、二〇〇二年の日韓ワールドカップにおいて、世界中に知れ渡った。しかし、その後も、まったく反省せず、何度でも卑怯・卑劣なことを繰り返すのである。韓国にはスポーツマンシップというような高級文化は存在しない。手段を選ばず、勝てばいいという文化である。

歴史からみる韓国人選手の卑劣極まりない行為

以下に、過去、韓国人が犯してきた数々の卑劣きまわりない事例を紹介して、韓国人を信用するなという教訓にしたい。とくに、二〇〇二年のワールドカップにおける卑怯・卑劣行為は、以下で詳しく述べておいた。

●事例その1・泉選手の腕を折ろうとした韓国人選手

二〇〇五年九月九日、エジプトのカイロで柔道世界選手権の重量級が行われた。男子九十キロ級では、日本の泉浩選手が優勝した。しかし、問題は、三回戦の韓国の黄禧太の卑怯な反則技と、非礼な態度だった。

黄禧太は、泉選手の右腕だけを左脇に巻き込み、全体重をかけて畳に叩きつけた。立った状態での脇固めは、あきらかに国際ルールで禁じられている反則技である。さらに悪質なのは、最後にグイッと腕をひねり上げて、骨を折りにいっているのである。

審判団が協議した結果、黄禧太選手の反則負けになった。試合直後、泉選手は、右腕を負傷しながらも握手を求めたが、黄禧太選手は体を引いて拒否、最後の礼もしなかった。これが朝鮮民族の卑怯卑劣な本性である。

これと同じことが二十年前、一九八五年に起きている。次節で述べるが、韓国選手が日本のエースである斉藤仁選手の腕を折り、斉藤選手は敗けた。そして、二十年後の二〇〇五年、泉浩選手の上に、歴史は繰り返された。しかし今回は審判団が正しい判定をし、韓国人選手の卑怯さだけが際立ってしまった。

●事例その2・斉藤仁選手の執念の復讐劇

先ほど述べたが、実は、以前にもまったく同じ事が起こっていたのをご存知だろうか。柔道が好きな筆者は、この事件だけは、鮮明に覚えている。今でも、思い出すと、怒りで身体が震えるほどである。斉藤選手の苦痛と無念の形相《ぎょうそう》を今でもありありと思い出せる。

一九八五年、ソウルの世界選手権九十五キロ超級の決勝で、韓国の趙容徹が、日本の斉藤仁選手の左腕だけを脇に巻き込み、左ひじを脱臼させた事件だった。斉藤選手は試合を続行できなくなり、趙容徹が金メダルを獲得した。アブラ汗をかいて無念の表情を浮かべる斉藤選手の目の前で、なんと、韓国チームは趙容徹選手を胴上げして喜んだ。この時以来、立ち状態での脇固めは、国際審判規定で禁止された。

しかし、物語は一九八五年で終わらなかった。一九八八年のソウル五輪、九十五キロ超級で斉藤選手は、準決勝で、再び、趙容徹選手と対戦した。その時、趙容徹選手をにらみつける斉藤選手の目には、「こいつだけは絶対に許さない」という凄まじい迫力があった。そして雪辱を果たした。斉藤選手は決勝にも勝ち金メダルを獲得した。

筆者は、準決勝の斉藤仁と趙容徹との試合を、ユーチューブで確認した。まさに韓国人の卑怯卑劣な姿をみた。趙容徹は、斉藤仁の攻勢に対して、場外に逃げてばかりだった。しかも、それで指導を受けると、ふてくされたように試合を放棄したような態度をとった。最後に斉藤に勝利の判定がくだり、斉藤が握手をしようと近寄ると、ふてくされて、ちょっと手をさわっただけだった。なんという汚い選手であることか。スポーツマンシップなどという高級な概念は、韓国には存在しないと確信した。

写真：共同通信社

●事例その3・北朝鮮の選手は暴力を使う

　韓国人だけでなく、北朝鮮人も暴力を振るうのである。二〇一〇年十一月十四日、中国広州の柔道アジア競技大会において、柔道女子六十三キロ級の上野順恵選手が金メダルを獲得した。問題は、準決勝の試合中、北朝鮮の金秀京に、五、六発も殴られたのである。キム選手から右フックなどを含め、顔面に複数回パンチを受けたという。これが朝鮮民族という外道な民族である。スポーツマンシップなどという高級な文化はない。

　まして、武士道の花咲く日本人とは、「倶に天を戴かず」である。その時の写真がこれである。上野選手の武士道精神を讃えたい。それにしても、女の顔に傷つけるとは、北朝鮮のアホ選手は人間ではない。筆者の大好きな映画「破れ傘刀舟」の萬《よろず》屋《や》錦《きん》之《の》介《すけ》の登場を願う。「てめえら人間じゃねえ、叩き斬ってやる」

以上、お人よしの日本人に対して、朝鮮民族の本性をお見せした。彼らは、日本人の情が通じるようなヤワな人間ではない。後ろ足で砂をかけ、寝首をかき、後ろから斬りつける、世界でもっとも卑怯・卑劣な民族である。小平奈緒選手の思いやりなど、カエルのツラにションベンである。どっこい、それではカエルに悪い。ゴキブリにウンコか。否、それではゴキブリに悪い。エイリアンかプレデターにキムチであろう。これも洒落である。

東京マラソンのトンチンカン

二〇一九年三月三日の東京マラソンには、以下のような三つのトンチンカンな問題点があった。こういうトンチンカンが、大会の興味をそぐのである。画龍点睛を欠くともいうのである。担当する人間には、よほどしっかりした人間か、責任感のある人にやらせてもらいたい。無責任な、能力のない人間がやると、東京マラソンそのものの価値を下げる。

第一．選手がスタートするまで、一時間以上も待たせたことである。

雨の降る寒空で、一時間も待たせるとは狂気の沙汰である。低体温症で死ぬ人間がでてもおかしくなかった。優勝候補の一人で、日本記録保持者の大迫傑《おおさこすぐる》は二十九キロ付近で棄権した。「スタート地点から寒くなって、身体が動かなくなり棄権せざるを得ない状況でした」と大会事務局を通じて無念のコメントを発表した。スタート時の気温は五・七度。冷たい雨が時折強くなる厳しい気象条件となった。棄権した時、大迫はブルブルと震えているのが、テレビに映っていた。

第二．アナウンサーと解説者が、君が代斉唱そっちのけで談笑していた。
東京マラソンでは、出発前に国歌・君が代を斉唱する。しかし、君が代斉唱の時、日本テレビのアナウンサーと解説者が、国歌そっちのけで、お喋りに夢中だった。君が代の斉唱の歌声が、かすかに聞こえてきたので、筆者はあっと気がついた。同時に、アナウンサーと解説者の国歌に対する無神経ぶりに怒り心頭に発した。

第三．スタートの号砲を鳴らす人間（小池知事）の姿をまったく映さなかった。
ピストルの音が、かすかに「パン」と聞こえ、スタートしたことが分かった。テレビ中継は、大群衆をはるかに引いて放映し、ピストルを鳴らす小池知事を映していなかった。過去のスタートで鮮明に覚えているのは、石原知事がピストルを頭上に掲げて鳴らしている姿である。陸上競技のスタートは、号砲を鳴らすスターターを映してこそ、さあこれからスタートするぞ、と実感できるのである。お喋りだけする日本テレビの不手際である。

ようするに、第一は主催者の不手際である。第二、三は日本テレビの不手際である。中継を担当する日本テレビの責任者と現場の人間に、「緊張感」と「放送センス」がまったく欠けている。放送センスを持たないテレビ局は素人の集まりである。即刻、テレビ局としての看板をおろせと言いたい。

鈴木大地のトンチンカン

●しっかりせい、鈴木長官よ

二〇二四年のパリオリンピックで、野球・ソフト・空手が落選した。問題は、落選についての鈴木大地スポーツ庁長官の発言である。鈴木は次のように語った。

「ＩＯＣが最終的に判断して決めていくことなので、われわれがどうこう言う筋合いのある話ではない。決まった競技に関しては、競技団体とともに強化をしていきたい」

これがスポーツの総本山の責任者の言葉か。負け犬の発言である。敗北主義者の発言である。「われわれがどうこういう筋合いのある話ではない」だと。鈴木よ、君は本気で言っているのか。冗談ではない。もし本気ならば、即刻、辞任しろ。

どうこう言わなく何とするのだ。断固たる抗議をせずに何とするのだ。日本人ならば、「悔しい！　残念無念だ！　この決定はおかしい！」というコメントをだせ。他人ごとのような発言に対して怒髪天をつくほどの怒りを覚える。

日本のスポーツ界の総責任者が、こんな弱腰で、腰の引けた対応するとはあきれ果てる。野球、ソフト、空手の関係者は、がっくりしているはずだ。先頭に立って戦うべきリーダーが、こんな弱腰では、勝つはずがない。勇将のもとに弱卒なし、鈴木よ、勇将たれ。

●なぜ、野球・ソフト・空手は落選したのか

二〇二四年のパリオリンピックで野球、ソフトボール、空手が落選した。なぜ落選したのか。ずばり、筆者の推測だが、事前運動やロビー活動の不足である。東京オリンピックで採用されたから、パリでもいけると判断したのだろう。

しかし、あまりにも甘すぎた。こういう判断が日本人の欠点である。何が何でも勝ち取ると

いう敢闘精神の欠落、戦闘意欲のない、ノーテンキな、危機意識のない平和主義者の日本人の欠陥である。

空手の競争相手には韓国のテコンドーがある。空手が出て来ると、テコンドーの落選の危険がある。空手の方が世界的に有名だからである。それで韓国は、お得意の秘密工作活動（ロビー活動、採用活動など）を積極的にやったはずである。日本の空手を落とすためには手段を選ばない。韓国はあらゆる汚い手を使う。それが朝鮮民族の本性だからである。正々堂々という武士道精神など存在しない国である。勝つためにはありとあらゆる手を使う。

●韓国には絶対に気を許してはならない

過去、日本は数多くの苦杯《くはい》をのまされてきた。最たるものが二〇〇二年のワールドカップの共催であった。あれは日本の痛恨の敗北である。単独開催ができたのに、韓国の横やりで共催という最悪の結果になった。

しかし、試合を通じて、韓国は世界に恥をさらした。韓国と二度と試合をしないという国が続出した。ヨーロッパ諸国との試合で、数々の判定の疑惑を生んだ。審判の買収疑惑である。さらに韓国選手のアンフェアなやり方である。スポーツマンシップとは程遠い振る舞いだった。イタリア、スペイン、フランス、ドイツ、ポーランドでは、現在もなお韓国とは試合をするなというほどの嫌悪感を生んだ。

今回、テコンドーのような空手のパクリ種目が当選し、空手が落選するとは、情けない限りである。野球、ソフト、空手を落選させた罪は万死に値する。今回どのような運動、ロビー活動をしたのか。政治家は何をしていたのか。とくに、政治家の責任は大きい。安倍総理以下の七百名の国会議員と、鈴木大地長官には腹を切ってもらいたい。それでも日本人としての悔しさは晴れない。今回の判断ミスは、徹底的に分析し、戦訓として、後世につたえなければならない。

ワールドカップ日韓共催の悪夢

ここで日韓共催の悪夢を振り返り、戦訓として再確認することは大切だろうと思い、二〇〇二年ワールドカップ日韓共催の失敗を研究してみよう。

第一・招致活動やロビー活動に問題があった。

政治と戦略と戦術の三つの欠落である。ライバルである韓国を甘く見ていた。韓国人の本性や性格を見誤っていた。これほど狡賢い民族はいない。何をするかわからない。人を裏切る、後ろ足で砂をかける、足を引っ張る、後ろから斬りつけるなど、当然のごとく行う民族である。

良心というものがない。良心がないから呵責がない。サルでも反省するが韓国人は反省しない。正義や人道や仁義や恩義やフェアプレーの精神などまったくない。韓国は責任者が鄭夢準（韓国サッカー協会会長）だった。これが狡賢いキツネだった。後ろ盾が現代グループである。政治力と財力があった。

第二．総理大臣以下の大臣や国会議員が強力に活動していない。

オリンピックはすぐれて国際政治であり、国家としての政治力がものいう。二〇〇〇年前後の総理大臣は、宮沢喜一、細川護熙、羽田孜、村山富市などである。このメンバーでは勝てる道理がない。宮沢喜一は、一九九四年（平成六年）十二月に発足した超党派のワールドカップ招致国会議員連盟の議員会長に就任した。副会長は、森喜朗、久保亘、小沢一郎である。しかし、リーダーがひ弱な宮沢喜一である。国内でも政治力がないのに、国際舞台で政治力があるはずがない。

以上、オリンピックは政治力の世界であることを日本人は認識しなければならない。スポーツの試合はスポーツマンシップであるが、背後には政治力があり、きれいごとの世界ではない。権謀術策が渦巻く世界である。

そういう意味では、韓国人の得意とする舞台である。日本の後に付いて、日本の後ろから、さっとかすめ取るのが韓国人である。造船、鉄鋼、車、半導体、そして柔道、剣道、茶道、空手、イチゴ……なんでもパクるのである。人間までパクッたのが拉致問題である。

朝鮮民族のずるがしこい民族性については、豊田有恒『統一朝鮮が日本に襲いかかる』（祥伝社新書）をエビデンスとして提示する。筆者が口酸っぱく言っていることを証明してくれるだろう。

白鵬よ、早く辞めろ

スポーツ界のトンチンカンは白鵬につきる。これほどトンチンカンな男は空前絶後といってもいいくらいである。この男、東京オリンピックまで取るそうな。オイオイ冗談は顔だけにしてくれと言いたい。横綱は長く務めることが良いのではない。横綱は後進に道を譲ることが宿命であり使命である。パッと咲いてパッと散る、それが横綱である。

横綱に就任したその時から、辞める時を考えて、相撲を取るのが横綱である。少しでも横綱にふさわしくない相撲を取った時、即、引退するのが横綱である。横綱は辞めるために存在するといってもいい。東京オリンピックまで取るとは言語道断である。

白鵬は横綱の意味を全く分かっていない。長年、相撲を取っているくせに、大相撲というものをまったく理解していない。白鵬はもちろんだが、相撲協会と親方の責任は重い。何を教え、何を教育してきたのかと言いたい。大相撲は武士道精神を根底に置いている。とくに横綱は武士道を体現した人間である。だから太刀《たち》をもっているのである。

白鵬は四十二回も優勝しているのに、まったく尊敬を受けていない。優勝すればするほど嫌われる。これは白鵬の人徳がないからである。とくに、昔より力士が備えているべき徳目は、忠節、礼儀、信義、寡黙、武勇（勇気）、清貧であるが、これらが決定的に欠落している。これは元横綱の朝青龍に端を発するが、傲慢無礼、下品、出しゃばり、饒舌などである。白鵬は、今後も優勝すればするほど嫌われる。横綱を長くつとめればつとめるほど不人気になる。だれか白鵬に晩節を汚すなと、引導を渡してやるべきだ。

この原稿を校正していると、白鵬が日本国籍を取るというニュースが飛び込んできた。二〇二〇年のオリンピックで土俵入りを見せるためだそうだ。オイオイ、やめてくれ、それだけはやめてくれ！　東京オリンピックの主役は貴景勝だ。

●白鵬の問題行動

第一．日馬富士の暴行事件の黒幕は白鵬である。貴ノ岩を呼び出し、態度が悪いと文句をつけたのは、モンゴル会の白鵬と日馬富士と鶴竜である。相撲取りは、他の部屋の力士と親しくするのは禁止ではないが、良くないことである。八百長が疑われるからである。ところが、モンゴル会は、その伝統を破った組織である。それの親分が白鵬である。

第二．平成二十九年の十一月場所で、嘉風戦において、取り組みが終わった後、勝負に文句をつけて、退場しなかった。これは明治以降、百年の相撲史の中で初めての不祥事である。あの時、なぜ即刻、退場を命じ、無期限出場停止にしなかったのか。責任者の八角親方は優柔不断である。秋霜烈日《しゅうそうれつじつ》のきびしさを持てといいたい。

第三．張り手とかち上げの多用である。横綱が絶対にやってはならない手である。この男、見苦しいし、汚い。横綱とは「美しい存在である」という日本の相撲道の伝統を破壊した。勝つためには手段を選ばないというのは、横綱として最低である。

第四．あまりにも、醜くて、ぶ格好な横綱土俵入りである。歴史と伝統ある不知火型をぶち壊した。足は上がらない。手は縮んだままである。不知火型とは両手を出してせり上がる型である。ところが、白鵬は片方ずつ出すのである。雲竜型を兼ねているつもりか。いったいこの男は何を考えているのだ。はっきり言えることは、日本の相撲道を馬鹿にし、コケにし、舐めていることだ。白鵬の土俵入りを、筆者は変形モンゴル踊りと命名している。

第五．懲りない男、白鵬の三本締め。

白鵬がまた不始末をしでかした。二〇一九年三月二四日、春場所千秋楽で優勝後のインタビューの後、観客に三本締めを促し、一緒になって、「シャン、シャン、シャン」とやったのである。白鵬は、過去、二〇一七年十一月の九州場所で四十回目の優勝を果たした際、インタビューの締めくくりで「万歳三唱」を行い「厳重注意」を受けている。この男、ほんとうに懲りない男である。完全に日本の相撲文化を舐めている。

大相撲の力士の立ち合いと行司の不思議

●阿吽の呼吸という不思議な立ち合い

大相撲を見ていると、力士が早くつっかけ、仕切り直しが、たびたび起きる。原因は、力士同士の「阿吽《あうん》の呼吸」に任せているからである。阿吽の呼吸が合わないと、一方が早くつっかけるか、片方の立ち合いが遅れることになる。

両方の力士の呼吸にすべてを任せるとは、まことに不思議なスポーツ?である。行司は「手を付いて」とか、「見合って」とかいうだけで、立ちあいはすべて力士任せである。力士の呼吸が合わない限り、相撲は始まらない。いったい、呼吸が合うとはなんだろう。呼吸が合うとは、力士はどうやって分かるのだろう。中には普段から仲が悪くて呼吸の合わない人間もいるだろう。ボクシングは呼吸は関係ない。カーンと鳴ったら、相手をぶん殴りにかかる。陸上の一〇〇メーター競争では、ピストルがドンとなったら走り出す。早く出るとフライングであり、もう一度やると失格である。阿吽の呼吸は関係ない。

●行司はレフリーではない

たいていのスポーツは、レフリーの権限のもとに試合は進行する。選手同士の気合や阿吽の呼吸などというものはありえない。そういう意味でも大相撲はスポーツではない。スポーツは、すべてレフリーが試合を仕切る。しかるに大相撲の行司は試合を仕切っていない。そういう権限もない。何のために存在するのかよく分からない。不思議な存在である。なぜ大相撲では行司がいるのか。行司の役割はなにか。論理的な説明がない。

第一・相撲の勝敗の最終決定権は勝負審判にある。行司は審判による物言いの議論に参加できるが、決定権はない。勝負を判定する一票でない。ただの傍観者である。

第二．行司は各部屋に所属している。行司も審判の一翼を担っている以上、戦う相手方の部屋に所属するのでは、公平な審判ができないのではないか。近代スポーツのレフリーのように中立ではない。

第三．勝ち負けの判定に参加できないのであれば、大相撲における行司の意味は、相撲の取り組みを華やかにし、盛り上げるお飾りか、土俵の花のような存在である。

いずれにしても、行司というのは日本独特の不思議な存在である。落語の豊竹屋《とよたけや》のベンベンで語ると、「レフリーのようであって、レフリーでない。審判のようで審判ではない、それは何かと尋ねたら、行司！　行司！」というしかない。

●勝負審判は三つの判定しかない

大相撲で行司の判定に物言いがつくことがある。五人の勝負審判が土俵上で協議する。その結果を、主審がマイクで説明する。この説明が曖昧で分かりにくいのである。なぜ、分かりにくいかと言えば、肯定、否定、ドローの三つを一緒に言おうとするからである。こういう場合、日本語は工夫しないと大変分かりにくい言語である。相撲の判定は、次の三つである。三つのうち、どれか一つを言えばいいのに、元力士の親方が乏しいボキャブラリーで説明するから、よけいに分かりにくくなる。

第一.「行司軍配通り、○○山の勝ち」
第二.「行司軍配の差し違え、○○川の勝ち」「理由は○○山の手が先に土俵に付いた」
第三.「行司軍配の差し違え、取り直し」「理由は同体である」

三月場所でも、物言いがついた後、審判部長が協議結果を報告しようとしたが、表現が拙劣なために、場内が勘違いして、何度もどよめいた。肯定（行司軍配通り）なのか、否定（行司の差し違え）なのか、ドロー（同体）なのか、最初に明示しないから、観客は訳が分からなくなるのである。言葉による表現は、結論を先に述べることが原則である。日本語は結論があとにくる構造になっているから、分かりにくいのである。

英語でも日本語でも、複雑なことをワンセンテンスで言うのはむつかしい。英語は関係代名詞でつないでいけるが、日本語は無理である。一文ずつ（短文）に切らねばならない。しかも、言葉に慣れていない人は、一発で言おうとするから、途中で分からなくなる。書き言葉においても長文は悪文である。

日本語は変幻自在な言葉である。ゆえに、使う人の力量によって、曖昧になったり、明瞭明断になったりする。英語は文型が決まっているので、定石どおりつかえば、論理的に分かりやすく表現できる。しかし日本語は英語のように文型が決まっていないので、下手な使い方をすれば、支離滅裂になる。上手に使えば、論理的で分かりやすくなる。英語でも日本語でも、原則は短文を積み上げて文章にすることである。

三浦雄一郎を断念させた女医のトンチンカン

筆者は三浦雄一郎のファンである。今から二十年以上前、直接、お会いしたことがある。原宿の事務所にお伺いした。筆者の主催している研究会に講師としてのお願いだった。筆者の友人が、三浦雄一郎と親しかったので、実現した。当時、すでに超有名人だったが、温厚なジェントルマンで、気さくな人だった。こういう人だから、忍耐を必要とする冒険ができるのだと納得した。背は一六〇センチぐらいである。これは冒険家の特徴である。植村直己は筆者と同じで一六二センチである。シュワルツェネッガーのような偉丈夫ではない。

ナポレオンをはじめとして、英雄豪傑は小さい人が多い。源義経も小さい。豊臣秀吉も小さい。東郷平八郎も小さい。筆者も小さい。「英雄は小さい、我も小さい、ゆえに我は英雄なり」。残念ながら、このエセ三段論法は成り立たない。

さて、三浦雄一郎さんは、南米のアコンカグアの登頂を目指したが、結局、断念した。同行した大城和恵という女医の強い勧告で断念したそうだ。筆者は、三浦雄一郎さんには最後まで挑戦してもらいたかった。死すとも頂上を目指してもらいたかった。それが冒険家の宿命だからだ。植村直己が死んだのも冒険家としての運命である。

冒険家はフトンの上では死ねない宿命である。三浦雄一郎さんもフトンの上で死ねない運命である。三浦雄一郎さんは、大丈夫だ、登れると主張したのだが、女医が強硬に断念させたそうだ。女とはそういうものである。女には冒険は分からない。男のロマンを理解できない。安全を第一に優先するのである。

三浦雄一郎さんは、「自分ではまだまだ行けるつもりでいたが、大城先生の判断に従い、今回の遠征は自分としてはここで終わる。僕自身、大丈夫だと、頂上まで行けるという自信はありましたけれど、やはり周りでみての状況、特に大城先生の判断ということで、それに従うということにしました」と語っている。

登るか否かの判断は、冒険家としての三浦雄一郎さんの判断に従うべきだった。医者と言うのは、その本性から、冒険をしないものである。こういうトンチンカンな医者を同行させたことが残念である。

人差し指を突き上げるトンチンカン

スポーツ選手の醜い態度として指摘したいのが、陸上競技などにおいて一着でゴールインしたり、団体スポーツで優勝したりすると、選手が人差し指をつきあげて、「どうだ、一番だ」と言わんばかりの態度をとることである。全員で勝ち取った勝利だから、余計に勝利を主張したいのだろうが、あの振る舞いはいただけない。

流行のガッツポーズの一種であろうが、醜い振る舞いに変わりはない。あの態度は、他のチームや選手に対するリスペクトの精神に欠ける。スポーツマンシップとはほど遠いものである。甲子園の高校野球でも、ホームランを打った選手が、ベースを回りながら、ガッツポーズをする例が増えた。昔の甲子園ではありえない振る舞いである。幸いなことに審判員は甲子園野球を愛する人が多く、派手すぎるガッツポーズには口頭で注意している。

たまたまこの原稿を校正していた二〇一九年六月十七日、全日本大学野球選手権大会があり、明治大学が優勝した。優勝の瞬間、マウンドに集まった選手たちは、人差し指をつきあげて喜んでいた。敗けたチームに対するリスペクトの精神など皆無である。いったい明大の野球部の監督は、選手に対してどのような指導をしているのか。大学野球においては、勝負も大切だが、若者に対するジェントルマン教育はもっと大切である。

そういう意味では、大リーグの選手の振る舞いを見習うべきである。大リーグでは、ホームランを打っても、ガッツポーズをしないという暗黙のルールがある。相手チームや打たれたピッチャーへの敬意である。大リーグは何でもありと思うが、実態は違う。敵チームに対するリスペクトの精神は見事である。選手同士のプライドを重視するのは日本人の想像以上である。

わが日本にも世界に誇る武士道精神がある。プロ野球も、大学野球も、高校野球も、武士道精神をもっと前面に出してもらいたい。このことは日本のすべてのスポーツに対しても強くすすめたい。武士道は世界に誇るオンリーワンの文化だからだ。

第二章

悪夢のような民主党のトンチンカン

悪夢のような民主党とは

今、民主党という政党は存在しない。かつて日本を混乱に陥れた政党である。長年の自民党政権に飽きた国民が、二〇〇九年に選んだ政権だったが、悪夢のような政権だった。国民というものは賢そうで賢くない。利口そうで利口ではない。賢い人と賢くない人、利口な人と利口でない人がいる。民主党を選んだのは、賢くない国民であり利口でない国民である。

筆者は、自民党支持だから、民主党政権ができた時、愚かな選択を嘆いたものだが、いかんともしがたく、民主党政権が崩壊する時を待った。平成二十一年の鳩山由紀夫から菅直人、野田佳彦と三つの民主党政権が続いたが、平成二十四年に終わりをつげ、安倍自民党政権がとってかわった。そして、現在、安倍政権が長期にわたって安定した政治を行っている。

その悪夢のような民主党を引き継いだ政党が、立憲民主党であり民進党であり国民民主党である。本節で取り上げる政治家は、立憲民主党の福山哲郎、辻元清美、蓮舫である。悪夢のような旧民主党の政治家である。ゆえに、その責任をきびしく問いたいのである。

●品性下劣な福山哲郎

福山哲郎は、国会議員七百七名の中でも、品性下劣の代表選手の一人であろう。このような人間が、立憲民主党の幹事長というから、驚き、桃ノ木、山椒の木、ブリキに、たぬきに、蓄音機である。

いかに下品であるかは、左の写真を見ればわかる。写真は、一瞬だが、人間の真実をとらえている。多くを語る必要はない。人間の品性というものを証明している。

人を指さし、弾劾する品性下劣な男

福山哲郎は、何か事が起きると、他人を大声で糾弾し、非難し、大げさに訴える。まるで韓国人、朝鮮人とそっくり同じである。韓国人朝鮮人が国会に舞い降りたかのようである。この男も、「コリアンもどき」、と定義したい。

コリアンもどきというのは、韓国人朝鮮人のように、「大声でわめきたてる、他人を糾弾する、正義感ぶって他人を非難する、突然ぶちきれる」という症状を呈する人間と定義している。

福山は自分の振る舞いが、どれほど政治家というもののイメージを、そして、立憲民主党を傷つけているか、まったく分かっていない。こういう人間が国会議員であることが、国民として恥ずかしい。すくなくとも、国会はそして議員は品性高潔にして、上品に振る舞ってもらいたい。ここは日本であって、朝鮮半島ではない。

韓国に対して、政治家の対応は、①親韓国、②反韓国・嫌韓、③是々非々の三つがある。福山哲郎は親韓国である。在日韓国人に選挙権を与えることに賛成してきた。日韓議員交流に積極的である。日韓併合に否定的評価を下している。日本は韓国を植民地支配したと考えている。

最近、反韓・嫌韓の日本人が増えている。きっかけは、天皇陛下に対する韓国人政治家の数々の無礼な発言である。神話時代の紀元前六六〇年、神武天皇の即位から、二千六百年以上続く天皇という存在は、日本人のアイデンティティそのものであり、日本民族のルーツなのである。天皇に対する侮辱は、日本民族そのものに対する侮辱である。

福山のように、在日韓国人に選挙権を与えることを主張しているような政治家を日本の政治家とは認めない。在日であろうとなかろうと、韓国人は、日本人を拉致した北朝鮮と同じ朝鮮民族であることを忘れてはいけない。しかも現在、韓国は北朝鮮に対して融和的である。反共の砦だった韓国という国は、今、どこにも存在しない。

思想よりも民族が優先するのは当然である。筆者は、韓国と北朝鮮が仲良くするのは、同じ民族として必然であると考えている。ゆえに、統一朝鮮が、日本に牙をむくのも必然である。朝鮮民族は、日本人のことを不倶戴天《ふぐたいてん》の敵だと考えているからである。

権力に執着する辻元清美

筆者は、辻元清美の顔を見るだけで気分が悪くなる。生理的嫌悪感というやつである。テレビに辻元の顔が映ると、すぐチャンネルをかえる。辻元清美という人物に対して、その経歴からみても、そして、この写真をみても、何か胡散臭いものを感じるのである。腹に一物ありそうな顔をしているのである。演技過剰、パフォーマンスのやりすぎ、スタンドプレー屋である。

辻元は、今は、反自民、反権力を気取っているが、本質は権力欲の塊のような人間である。だいたい政治家になること自体が権力欲をもっているからである。たまたま自民党ではなく、野党から出発したから、野党になっているだけで、権力欲はもの凄く持っている。それはあっさりと福島瑞穂を捨てて、民主党に走った行動を見れば一目瞭然である。

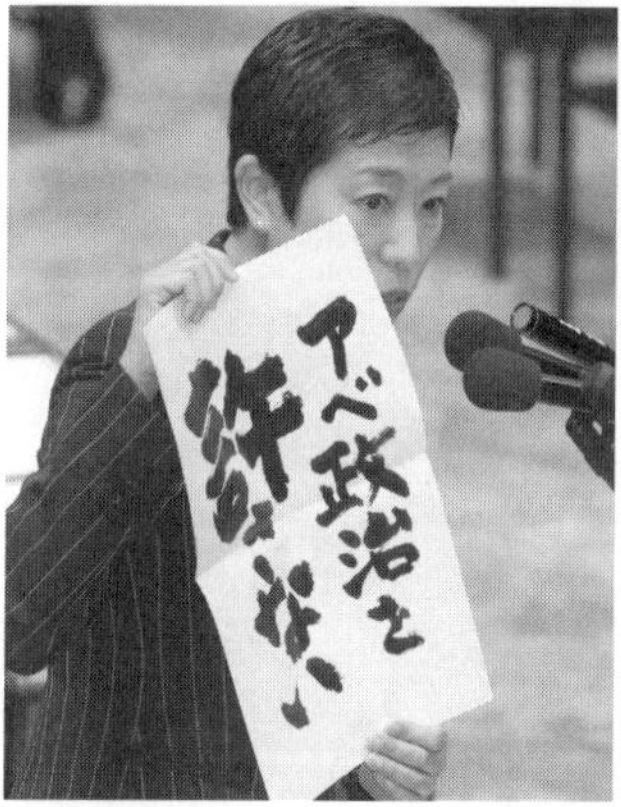

スタンドプレー屋（写真：共同通信社）

鈴木宗男議員を、疑惑の総合商社として非難した。しかし、自分も、秘書の給与疑惑で、逮捕されている。天《てん》網《もう》恢恢《かいかい》疎《そ》にしてもらさず、人のふりみて我がふり直せ。

蓮舫という勘違い女

筆者は、蓮舫をまったく評価していない。蓮舫の価値が決定的に落ちた事件は、民主党政権時代の事業仕分けである。蓮舫が発した「二位じゃだめなんでしょうか」の発言だった。

もともとパフォーマンスだけの政治家だったのが、あの一言で、蓮舫の頭の悪さが露呈した。この人物には論理的思考力や科学的思考力はない。あるのはパフォーマンスのみである。弁舌はさわやかであるが、しょせん軽い。内容がないから、余計に軽薄である。

二位じゃだめなんでしょうか（写真：時事）

人間として許せないのが松岡大臣自殺事件である。二〇〇七年、蓮舫は、当時問題となっていた松岡農水相の事務所費問題・光熱水費問題・献金問題を激しく非難した。そのなかでもマスコミが面白可笑しく取り上げ注目された「ナントカ還元水」に注目し、自身の売名に利用している。

蓮舫議員はマスコミを引き連れ、松岡農水相（当時）の議員会館事務所を突撃し、議員が不在であると伝える秘書らを無視し、室内へ上がり込み、マスコミに撮影をさせたうえで秘書らを追及した。マスコミを引き連れてアポも許可も取らず、事務所に押し入る悪辣さは他に類を見ない。松岡農水相（当時）のプライバシーも人権も無視して、罪のない秘書らを恫喝して追い詰める姿は異常としか言いようがなかった。この後も蓮舫議員は執拗に松岡農水相（当時）を追い込む質疑を繰り返した。自身だけでなく周囲の人間まで追い詰められ疲弊した松岡農水相（当時）は、二〇〇七年五月二十八日、議員宿舎で首を吊り自らの命を絶った。

たぶん、今もなお、奥さんやお子さんは、蓮舫を絶対に許さないと思っているだろう。人間は、裁判で有罪にならないかぎり、たとえ逮捕されても推定無罪である。まして松岡は逮捕もされていない。それをマスコミという権力をもって追い詰め、自殺させた蓮舫の罪は万死に値する。

筆者は、ものごとには正と反があるという哲学や思考方法で生きてきた。絶対善や絶対悪はない。泥棒にも三分の理があるという人生訓を信じている。ゆえに、人間を自殺に追い込むまで責め立てるのは人間の所業でない。悪鬼や悪魔の仕業である。

「国民の敵」！（写真：時事）

国民の敵・小西洋之の醜い姿

小西洋之議員は、筆者と同じ徳島県生まれである。同じ徳島人として恥ずべき人間である。まず、下品である。品性がない。礼儀知らず。傲慢無礼である。こんな人間が国会議員であることに納税者として徹底的に弾劾したい。これほど不愉快な男はいない。

国会議員とは、国民を代表している。まずは、大前提として、国会議員は、人間として品性高潔であることが必須の条件である。小西は、安っぽい正義を振りかざして、弱い人間に対して居丈高な態度をとる。

二〇一八年三月六日、横畠裕介内閣法制局長官の参議院予算委員会での発言が問題になった。小西は、「国会議員の質問は、国会の内閣に対する監督機能の表れだとする答弁を確認してほしい」と質問した。

それに対して、横畠氏は「一定の監督的機能はある。しかし、このような場で、声を荒げて発言するようなことまで含むとは考えていない」と発言した。これに野党が猛反発し、審議は中断。横畠氏は発言を撤回、謝罪した。

自民党の伊吹文明元衆院議長が「国会議員に対して姿勢や態度を批判するなんてあり得ない」と発言したのは、思い上がりである。伊吹のような発言をするから、小西がいつまでも、威張るのである。小西のような人間は、国会から追放しなければならないのに、伊吹のような人間が小西を生かすことになる。

伊吹に問う。国会議員の姿勢や態度を批判してはいけないほど、国会議員は偉いのか。確かに国会議員は、公正な選挙によって選ばれた国民の代表だ。野党議員は政府を監視し、追及するのが仕事であり、役割だ。しかし、国民の代表だからといって偉いわけではない。

もともと小西の質問の仕方は人を不愉快にする。国会中継で小西が出てくると、チャンネルを替えたくなる。国会質問も重箱のスミをつつくような質問である。しかも、上から目線でクイズまがいの質問を連発する。

二〇一八年四月十六日、小西洋之議員が、現職自衛隊幹部である統合幕僚監部三等空佐に、国会前の路上で「国民の敵」と言われた事件が起きた。まことにその通りである。国民の敵、すなわち売国奴とは、小西のような人間のことである。国を守っている自衛隊員からみると、国を売ることを仕事にしている小西のような人間は、腹に据えかねるだろう。筆者ならば、「売国奴」と、怒鳴りつけてやるものを。

第三章

関口宏・『サンデーモーニング』を私物化したテレビ屋

株式会社三桂によるテレビの私物化

●関口宏残ってTBS滅ぶ

株式会社三桂《さんけい》という芸能事務所がある。日曜日の朝の情報番組『サンデーモーニング』を、名実ともにとり仕切っている事務所である。一九七六年、関口宏が個人事務所として設立した。その後、一九八七年、『サンデーモーニング』が始まると、そのマネジメントを一手に引き受けた。現在はタレントをたくさん抱える大きな事務所である。

当然、『サンデーモーニング』の出演者は、株式会社三桂の所属である。浅井慎平、姜尚中、中西哲夫、唐橋ユミ、橋谷能理子などである。唐沢ユミは、張本勲と一緒にスポーツ番組をやっているメガネをかけたオネエチャンで三桂の所属タレントである。筆者は、この女性は局のアナウンサーと思っていたので驚いた。『サンデーモーニング』は、関口宏と三桂による完全な私物化である。

TBSの関係者が語るところによると、「視聴率も高いが、クレームが圧倒的に多いのも『サンデーモーニング』である。街宣車が抗議に来たことも数えきれない。局内でも内容が偏向しているという批判は出ているが、二十八年続く長寿番組で、大物の関口さんには逆らえない」とのことである。「うち（ＴＢＳ）は長いものに巻かれる人間しか出世できない」という社風だそうだ。そんな中で生まれたのが。朝ズバの天皇みのもんたであったし、今は関口宏が天皇である。

オーナー会社だったら私物化もありえるが、公共財であるテレビで、私物化がまかり通っていること自体が異常である。総務省や政治家は、国民になりかわって、テレビ局に干渉し、厳重に注意すべきである。こういう干渉は、国民のためであって、憲法がいうところの言論や表現の自由の侵害ではない。国民の権利が優先する。番組の私物化は知る権利など、国民の諸権利への侵害である。

関口や出演者が、相撲界や体操界やレスリング界のガバナンスを批判する資格はない。おのれこそ、公共の電波を私物化し、不正の温床となっている。

●関口宏と『サンデーモーニング』をぶっつぶせ

筆者は、前著『日本アホバカ勘違い列伝』（ワック出版）で、『サンデーモーニング』を批判した。しかし、今回、再び取り上げるのは、この番組を一刻も早く撲滅したいからである。一分でも一秒でも早く、この番組が消え去ることが、日本の国家・国民のためになる。そのためには、今後も、何度でも、徹底的に批判し、この番組の撲滅・絶滅を図りたい。この番組がまき散らす「反日」という害毒は計り知れないものがあるからである。

ここで反日を定義しておこう。

反日とは、「反天皇制」、「反日本人」、「反日本歴史」、「反日本文化」、「反日本伝統」、「反日本経済」、「反自衛隊」など、すべての「反日本」を総称した概念であると定義している。ざっくりいうと、反日とは、日本そのものを、そして、日本のすべてを、否定することである。

●リベラル気取りのテレビ貴族

さて、関口宏の思想や考え方は、古臭い、カビが生えているような古典的な左翼である。その源流はマルクスレーニン主義である。ソ連崩壊とともに絶滅しているはずなのに、中国や北朝鮮にその亜流が存在するお陰で、生き残っている。関口宏の出身校の立教大学は、マルクス経済学が主流だった。今は、さすがに衰えただろうが、法政大学とともに、マルクス経済学が牛耳っているので有名であった。

関口は、リベラルを気取っているが、「リベラルもどき」である。彼はファッションとしてのリベラルを気取っているからだ。たしかに反日というのは、リベラル人士や左翼人士に多い。

彼らは、反日を標榜することがリベラルで、知識人・教養人だと思っている。マルクスレーニン主義とは、本来、労働者のものであるが、関口を始めとして、『サンデーモーニング』には、ただの一人も労働者はいない。関口などテレビ界には、額に汗し、泥に汚れて、働いたことのある人間など皆無である。テレビに巣くって、金儲けをしているテレビ貴族である。

●TBSは反日左翼の牙城である

また、『サンデーモーニング』を制作しているスタッフには、通名を使い日本人として、紛れ込んでいる反日韓国人、反日中国人がいるのではないかと疑っている。この点に関しては、朝日新聞にも、反日朝鮮人・中国人がいるのは間違いないだろう。日本の新聞やテレビなどマスコミには、反日分子が長年にわたって、入り込んでいると想像できる。大学にも数多くの反日分子が入り込んでいる。その反日分子が、総出演しているのが、『サンデーモーニング』である。姜尚中や辺真一や佐高信や寺島実郎や青木理、そして、張本勲である。どいつもこいつも、神経が左側にひん曲がったひねくれ者である。スカッとさわやかな長嶋茂雄型の人間はただの一人もいない。人の一生は短い、さわやかに人間らしく生きようではないか。

わが内村鑑三は次のように言っている。「我らは人生のたいていの問題は武士道をもって解決する。正直なること、高潔なること、寛大なること、約束を守ること、借金せざること、逃げる敵を追わざること、人の窮境に陥いるをみて喜ばざること」(『内村鑑三信仰著作全集23』〈武士道とキリスト教〉)。

明治を作った偉大な二人の人間は、経済の福沢諭吉と、精神の内村鑑三である。内村鑑三あるかぎり、日本精神は、世界に燦然と輝き、中国や韓国は永久に日本の精神文化に追いつけない。内村鑑三のような世界精神を持った人間を生み出した明治は偉大なりと、筆者はつくづく思う。日本をはるかに超越したグローバルな世界精神という点では、さすがの福沢諭吉も内村鑑三の前では小さくみえる。

さてテレビの情報番組というものは、ものごとに対して、是々非々が原則である。神様でないから、絶対善や絶対悪を振りかざしてはいけない。善もあれば悪もある。是もあれば非もある。これが成熟した大人の考え方であり、マスコミ人が守らねばならない原則である。しかるに、関口宏と『サンデーモーニング』は、左翼に偏向しすぎている。

寺島実郎、こんな頭の悪い奴は見たことがない

●三井物産の価値を下げる寺島実郎

反日報道番組『サンデーモーニング』の中でも突出した反日コメントを発し続けているのが

寺島実郎である。陳腐な、紋切り型の意見を長々と述べる。喋り方は長ったらしく、内容がない。意見をこじつける。したり顔して正論もどきを述べる。なぜこんな程度の低い男がコメンテーターなのか摩訶不思議である。しかも、三井物産の戦略研究所の所長というから、驚き、桃ノ木、山椒の木、ブリキに、タヌキに、蓄音機というところである。

この男を見てから、三井物産に対する評価はがた落ちである。長年、三井物産は、三井財閥を代表する超一流の商社であると思っていたが、街角でよくみる商店「○○物産」と同じだと思うようになった。明治以来の歴史と伝統の三井物産のために諫言すると、寺島を早くクビにしろと言いたい。寺島は三井物産の栄光の百年の歴史と伝統を汚すとんでもない外道である。その上、多摩大学の学長というからよけいに驚く。経済学の中谷巌が学長を務めたことがある素晴らしい大学だったが、寺島がすべてダメにした。

●日本総合研究所は二つあるが、寺島はどっちだ

寺島は日本総合研究所の会長となっている。しかし、日本総合研究所と言った場合、二つの組織がある。一つは株式会社であり、もう一つは一般財団法人である。寺島実郎は一般財団法人の会長である。

日本総研というぐらいだから一般財団法人の方が権威も実績もありそうに思える。しかし、

実態は、月とスッポンほどの違いがある。実は、株式会社日本総合研究所が月で、一般財団法人日本総合研究所がスッポンである。

株式会社日本総合研究所は、三井住友フィナンシャルグループのシンクタンクである。資本金百億円である。研究員は二千五百名の巨大な研究所である。寺島が会長である日本総研の実態はよく分からない。寺島の個人研究所の匂いが強い。ホームページをみると、研究員十人の名前がでているだけである。

寺島は三井物産戦略研究所と日本総合研究所の二つの肩書を使っている。三井物産は誰でも知っている日本を代表する商社である。日本総合研究所は名前がよい。いかにも日本を代表するかのような研究所である。しかも、三井住友フィナンシャルグループのシンクタンクと同じ名前だから、誤解してもらえるという利点がある。ようするに寺島実郎は、実力もなく、たいした実績もないのに、ブランドを看板にして生きているのである。そういう意味では、天性の詐欺師の資質がある。

張本勲のトンチンカン

●張本は悪しき在日韓国人の見本である

張本勲の「喝」「アッパレ」は、ワンパターンであり、マンネリである。日本の野球には「アッパレ」を、アメリカ野球には「喝」を連発する。柔道、卓球、水泳、スケートなどの世界大会で選手がたとえベストを尽くしても、二位以下には「アッパレ」と言わない。優勝しないと「アッパレ」は出せないというなら、小学生でもできるのである。

さらにオリンピックでは、日本選手には辛く、韓国人には甘い。これは以前からである。当人は、今でも、韓国籍を持っている韓国人だからである。張本は朝鮮民族の典型な人間である。自己主張が強すぎる。謙譲の美徳がない。礼儀・礼節をわきまえていない。傲慢無礼である。恩義を知らない。

日本人の長嶋茂雄、台湾人の王貞治、韓国人の張本勲は、それぞれが、その民族の特色を出している。長嶋は武士道の花咲く日本国の日本人である。王は台湾人であり、泰然自若としている。そして、張本勲は、まさに、品性下劣な朝鮮人を代表している。

典型的な事件は、江川紹子との対立である。二〇一〇年五月二十三日の放送だった。張本が、楽天のピッチャー岩隈の八回途中の降板に対して「喝」を入れた。それに対して、江川が異論を唱えた。たったそれだけのことである。しかるに、張本は江川の番組からの降板を要求した。だらしないTBSは、張本の要求に屈した。TBSの腰抜けぶりが問題になったが、ほんとうの腰抜けは関口宏である。張本と江川を天秤にかけて、影響力の少ない江川を切ったのである。

ほんとうに狡賢く汚いのは関口宏である。

●李相花の涙の意味が分からない張本の頭の悪さ

平昌オリンピックにおいて、女子スピードスケート五百メートルで、韓国の李相花選手が二位になった。金メダルは小平奈緒である。これに関して、張本は、小平と李の二人に金メダルをあげればいいと言った。小平のやさしい振る舞いに、涙を流した李選手の行動は金メダルに値するのだそうだ。張本は頭がおかしいのではないか。李の涙は、「泣く子はお餅を一つよけいに貰える」という韓国の伝統を実践しただけであって、小平のいたわりに涙したわけではない。韓国では泣くことよって責任を逃れる文化がある。李選手は、泣くことで、自分の敗戦責任を逃れようとしただけである。

ざっくり言うと、張本は頭が悪い。感情的・感覚的で、論理的思考力がない。しかも、江川紹子事件のごとく、人の意見を素直に受け入れるという度量もない。強引に、傲慢に、自分の意見を押し付けるだけである。たしかに『サンデーモーニング』は、そこそこ視聴率が高い。しかし、心ある日本人はこの番組を見ない。自分の意見をもたず、付和雷同する、気まぐれな人間が見ている番組である。

●やはり張本は韓国人である

平成二十九年五月には、サッカーAFCチャンピオンズリーグの試合があった。済州ユナイテッド対浦和レッズ戦だった。韓国人選手が、日本人選手に対して、暴力行為を繰り返す事件が起こった。アジアサッカー連盟は韓国の三選手に対して、資格停止と制裁金を科した。

これに対し、張本は、「一点差でリードしている状況で、浦和が時間稼ぎをした作戦について、これはありがちなことだけど、態度が良くない。やっぱり韓国の選手からみたらね、何だというような態度をとっちゃいけないんです」と発言した。

韓国チーム側に非があることは明らかなのに、悪いのは日本チームと言わんばかりの発言である。やはり張本は韓国人であって、日本人でないことを再認識した。

従軍慰安婦像は世界中で共有すべしと発言した田中優子

コメンテーターの一人、田中優子は、法政大学の総長をつとめ、東京六大学史上初の女性トップとなり、世の注目を集めた。安倍首相が推進する「女性の社会進出」の象徴的存在となった。

しかし、コメントは反日、親朝鮮の発言を連発している。平成二十九年、サンフランシスコ市議会が、従軍慰安婦像の寄贈を受け入れる議案を可決した問題で、田中優子は暴走した。「国を超えた問題である。女性への暴力や戦争の問題をちゃんと思い出して二度と起こさないようにするためのモニュメントが必要である。すべての国が共有できるものにした方がよい」と。

碑文には、数十万人の女性が性奴隷にされたという大嘘が刻まれている。わが日本の先祖の名誉と尊厳が傷つけられているのである。まさに売国の言動である。

トランプ大統領を非難した谷口真由美

谷口真由美は、知性が低すぎる。コメンテーターをするような能力はない。関口の会社、三桂に所属しているから出演できるのである。全日本おばちゃん党の代表代行だそうだが、いかにも奇をてらっている。

平成二十九年九月国連総会でトランプ大統領が、北朝鮮は愛すべき十三歳の日本人少女を日本の海岸で拉致し、北朝鮮工作員の語学家庭教師を強制的にやらせたと述べたことに対して、谷口真由美は文句をつけた。

「こんなところで政治利用じゃなくて、もうわかっている話じゃないですか。すごく気になりますね。この局面で出すなよって、という気もしました」

アメリカ歴代大統領の中で、トランプ大統領が国際舞台で初めて拉致問題を取り上げたことは高く評価すべきである。谷口真由美はトランプ演説を政治利用であると非難したが、拉致問題は政治解決すべきイシューである。政治的発言して何が悪いのかを教えてもらいたい。

韓国のレーダー照射事件についても驚きの発言をした。「今回のレーダー照射問題では、韓国のメディアは冷静で、日本のメディアが煽っている。この事件を利用している日本人がいるのではないか。在日韓国人に被害者が出ないように気をつけなければならない」。

あたかも日本に責任があるごとくの発言である。米中貿易摩擦に関しても、とんでもないコメントをした。「今の米中は、私が見てると、オッサンのメンツと恥の争い」と、トランプと習近平の二人のリーダーを、オッサン呼ばわりした。

北朝鮮から武装難民が流入しても危険ではないと安田菜津紀は断言

写真家の安田菜津紀の父親は、在日韓国人二世である。当人は韓国籍か、日本籍か明らかにしていない。安田のことを調べたが、よくわからない。人を詮索するくせに、自分を語らない。何かを隠しているようにみえる。これはこの手の人間に多いパターンである。しかし、彼女の親朝鮮半島の発言は際立っている。平成二十九年九月、『サンデーモーニング』で安田菜津紀は次のようにいった。

「麻生副総理が『朝鮮半島で多くの難民が発生し、日本に流れてくるかもしれない。その中には武装難民がいるかもしれない。警察で対応するのか、防衛出動なのか、射殺するのか』という発言があったが、そもそも武装難民という概念はないし、すべての難民が危険であるかのような印象を与えかねない」

北朝鮮からの難民が日本に来ても危険でないというのである。今まで何人の日本人が北朝鮮によって拉致されたのか、安田菜津紀は忘れたのか。朝鮮人に関しては全肯定、日本人に関しては全否定なのだが、公共の電波を通じて発言するような内容ではない。


平成三十年七月二十三日、ラオスで建設中のダムが決壊し、二十七名が死亡、百三十一名が行方不明というニュースに対して、安田は次のようにコメントした。

「輸出のために開発を急ごうとしたんですね。その開発の速度と安全性にひずみが生じたかという検証が必要です」

と原因をぼかした。このダム工事は韓国SK建設と韓国西部発電の合弁会社によるもので、主たる要因は韓国の建設会社の手抜き工事であることが事故の本質なのである。韓国企業の責任追及は一切しなかった。一方、世界の悪い事件はすべて日本が悪いと断言するのである。たとえば、平成二十八年にシリアで内乱が起きた際も、『サンデーモーニング』で、「シリア混乱の責任は日本にもある」と暴論を吐いた。日本のどういう行動、発言がシリア内乱をもたらしたのかを論理的に説明してもらいたい。

青木理・一周遅れのマルクス・レーニン主義者

この男については、前著『日本アホバカ勘違い列伝』で取り上げた。今回、この男を形容する言葉として、一周遅れのマルクス・レーニン主義者と命名した。彼の言説は、古色蒼然とした左翼理論、すなわち賞味期限の切れたマルクス・レーニン主義を根底に持っているからである。昔、左翼にかぶれた人も、すでにマルクス・レーニンは卒業している。ほんとうは、一周どころか、何周も遅れており、レースはすでに終わっている。

青木理は、自分こそ抑圧された労働者（弱者）の味方であり、安倍政権（強者）を搾取階級と断定し、反権力・反安倍を気取っているのである。しかし、弱者とは誰か、強者とは誰か。弱者や強者という分類は、正義を気取る偽善者がよく使う空想論か観念論である。日本にはマルクスのいう搾取される労働者（弱者）はいないし、絶対的な権力者や独占資本家（強者）もいない。青木は、存在しないものを想定し、正義を振りかざし、弾劾しているのである。幽霊の正体みたり枯れ尾花である。

偶然だが、この原稿を校正している本日、四月三十日は、明仁天皇陛下の退位の日である。青木は例によって、例のごとく天皇陛下を批判していた。この男は韓国にも留学した経験があり親韓である。本書で取り上げたコリアンもどきである。韓国人は、天皇陛下のことを日王と呼んでいる。日王と呼ぶかぎり、そして過去の数々の天皇陛下に対する侮辱を韓国人が土下座して謝罪しないかぎり、韓国は日本の永遠の仮想敵国である。天皇陛下の訪韓など、太陽が西から昇ってもありえない。

それにしても、どうすれば青木のような陰気で暗いツラになるのか、青木に聞いてみたい。心理学や精神分析論によると、陰気で暗い男は、悲観的なマイナス思考をするそうだ。青木のような人間を上司にもつと、生産性はがた落ちになるだろう。もちろん、女には絶対にもてない。銀座ではホステスに嫌われるだろう。あの飛田でも、呼び込みのバアサンすら声もかけないだろう。飛田については第八章で述べる。

天皇陛下に対する韓国の文喜相の侮辱問題について、読んでもらいたいのが、雑誌『正論』(二〇一九年四月号)の明治天皇の玄孫・竹田恒泰の論文である。この中で、竹田は、文喜相に対して日本への入国禁止を、直ちに伝達せよと述べている。また日本の政治家の弱腰を批判し、「心の底から後悔させるような激烈な批判」を文喜相に浴びせるべきだと主張している。

この論文の中で、竹田は、「私は天皇陛下のためならいつでも命を投げ出す用意がある」と言っている。彼の一連の発言は、あの穏やかな顔から想像もつかない断固たる決意であり、筆者は改めて、この人物を見直した。竹田恒泰は尊皇家であり愛国者である。

第四章

桑田佳祐のトンチンカン

●桑田佳祐は劇団四季では使えない

筆者は、桑田佳祐《けいすけ》がデビューした時から、この男をまったく評価していない。その最大の理由が、あの歌い方である。日本語の発音・発声がおかしい。劇団四季ならば、チョイ役どころか、まったくお呼びがかからない。たぶん浅利慶太は、桑田佳祐のことを全く評価していなかったと推測する。日本語を限りなく愛する浅利慶太にとって、桑田は日本語を冒瀆する、とんでもない奴だったはずだ。

ついでにいうと、日本文学者のドナルド・キーンも桑田を嫌っただろう。なぜならば、ドナルド・キーンほど、日本の伝統文化、とりわけ美しい日本語を愛した人はいなかったからである。

桑田は、口を曲げて発音し、本来の美しい日本語をゆがめて歌う。英語など外国語を発音するように、日本語を発音する。母国語・日本語に対する冒瀆である。こいつはいったいどこの国の人間だと思った。こんな歌手が、もてはやされるようでは、日本の歌は終わりだと思った。日本語は、日本人が日本人であることのアイデンティティである。日本語はかぎりなく国を愛するための象徴である。

ゆえに、桑田の天皇陛下への無礼さや、叙勲への侮辱は、この男が日本人であることを疑わせる行為だと筆者は思っている。

二〇一八年の暮れ、こんな男を、NHKは紅白歌合戦に出場させた。紅白歌合戦は、筆者の中では、とうの昔に終わっていたが、二〇一八年十二月三十一日、桑田佳祐とともに、名実ともに終わりを告げた。

天皇陛下と勲章を侮辱した男である。こういう不敬にして不埒な奴を出場させるNHKは大衆の気持を反映していない。しかもNHKは、正しい日本語、正しい発音発声をアナウンスし、広めている「国営放送」である。そのNHKが、日本語を侮辱する桑田佳祐を出場させるとは、NHKは、その使命を終えた。NHKの気概や矜持《きょうじ》はどこにいったのだ。

●天皇陛下を侮辱した桑田の傲慢無礼

天皇を普通の人間として見ることが間違いのもとである。天皇は人間であって、人間ではない。まことに不思議な存在であり、日本独特というのか、世界に類例のない存在である。初代の神武天皇が即位したのがBC六六〇年である。徳仁《なるひと》天皇は百二十六代である。神武天皇から二千六百七十九年間、万世一系の天皇として連綿として続いているのである。こんな存在は世界中を探してもない。このことを日本人は、もっともっと世界に誇っていいだろう。

天皇とは日本そのものであり、日本文化そのものであり、日本の歴史と伝統そのものである。筆者は三島由紀夫でないが、天皇というものを、単なる人間としては見ていない。そういう意味では三島由紀夫を理解できる。「などてすめろぎはひととなりたまひし」である。あるいは、西行法師が伊勢神宮に参詣したおり、詠んだ歌、「なにごとのおはしますか知らねどもかたじけなさに涙こぼるる」、これが皇室に対する日本人の心情である。

すでに述べたように、桑田佳祐を語るにおいて見逃せないのが、天皇陛下に対する侮辱である。二〇一四年十二月三十一日、年越しライブ「ひつじだよ！　全員集合」において、桑田はふざけて、ジーンズのポケットから紫綬褒章を取り出し、オークションを連想させる「五千円から行きましょう」と言った。ヒトラーを連想させるヒゲも付けておどけた。これに対して、とくに天皇陛下を侮辱しているといった批判が殺到した。抗議デモも発生した。ヒトラーを連想させるチョビひげは、ドイツだったら逮捕されているだろう。

その後、桑田は謝罪した。しかし、いかに謝罪しても、責任を免れるものではない。あのおふざけは絶対にゆるされない。桑田という男の深層心理の中に、普段から、皇室や日本文化に対する侮蔑の気持ちが存在するから、何かの拍子に出たのである。調子を下ろした時、本心が表出したのである。

桑田佳祐は、二千六百年以上つづく天皇というものの意味や価値についてまったく理解していない。天皇とは、一人の「人間」ではなく、制度であり文化である。日本の伝統と文化と歴史そのものである。日本国家を象徴するものである。天皇を侮辱することは日本文化を侮辱することである。すなわち日本人というひとつの民族を侮辱することである。ひいては、桑田佳祐が桑田佳祐を侮辱し否定することである。バカな男はやはりバカだった。

必殺仕掛け人のトンチンカン東山紀之

●東山紀之に中村主水は無理筋だ

筆者は必殺シリーズのファンである、というより、藤田まことの熱烈なファンであると言った方が正確だろう。ということは、同時に「剣客商売」の大ファンである。映画としては、必殺よりも剣客商売の方が良い作品だと思っている。剣客商売における藤田まことの渋い演技は、何者にも替えがたい。また映像が素晴らしい。映像カメラマンが優れているのであろう。藤田については、もちろん、「てなもんや三度笠」のころからのファンである。

さて問題は、藤田まことが亡くなった後、必殺シリーズを東山紀之がやっていることである。オイオイ冗談はやめてくれと言いたい。誰の許可を得て、東山なんぞに決定したのか、声を大にして抗議したい。剣客商売もそうだが、人気映画を、ディレクターやプロデューサーなどの関係者だけで、勝手に配役を決めるなと言いたいのである。

こういう国民的な人気映画は、広く国民の意見を聞くべきである。国民投票とはいかないが、主演候補を何人か選んで、調査にかければいい。東山紀之などでは役不足である。誰が決めたか知らないが、決めた奴の頭はどうかしている。映画のセンスがまったくない。配役は、縁故や、コネや、関係者などの狭い関係の中で、決めてはいけない。広くニーズとウオンツを調査した上で適役を決定しなければならない。

●東山のセリフは歯切れが悪すぎる

かれこれ六十年以上も時代劇を見ている人間としては、東山に決めたディレクターなどは、完全なド素人である。何の権利・権限があって、東山などに決めたのだ。筆者は、自分をプロとは言わないが、六十年の映画のキャリアは、伊達ではないと自負している。またそういうプロ級のファンは多いはずである。

筆者が想定する必殺の中村主水役は、西田敏行か、役所広司か、渡辺謙である。西田は喜劇と悲劇を演じられるゆえに最適である。役所と渡辺も同じである。このクラスの大物が演じるのが必殺仕事人である。

東山紀之の最大の問題は、話し方の歯切れが悪い。あの発音発声で、映画の主役としてよくぞ起用するものだと不思議である。テレビのキャスターへの起用も疑問である。現代の監督やディレクターは、俳優の価値は発音発声であることを、理解していないようである。俳優の命はセリフの歯切れの良さである。明瞭明晰に話すことである。劇団四季ならば不合格で入団できない。劇団四季に入って、浅利慶太の母音法で鍛え直した方がいい。浅利慶太『劇団四季メソッド・美しい日本語の話し方』（文春新書）の一読を勧めたい。

剣客商売は藤田まことの当たり役だ

●北大路欣也では秋山小兵衛は無理筋だ

同じく、剣客商売の秋山小兵衛の役は、西田敏行か、役所広司か、渡辺謙である。筆者は、映画としては剣客商売が好きであり、作品としても高く評価している。前節では、東山のような二流の俳優が、名優藤田まことの後を演じるトンチンカンについて文句を言った。それで、先に必殺について述べた。

しかし、映画としては、剣客商売が重要である。その剣客商売で何が問題かというと、秋山小兵衛の役を、なんと、なんと、北大路欣也が演じていることである。これは極めつけのトンチンカンである。オイオイ誰の許可を得て、こんな配役にしたのかと、時代劇のプロファンとしては、制作者に抗議したいのである。

たしかに北大路欣也は、東山よりは俳優としてははるかに上である。しかし、こと剣客商売となると、話はまったく違う。北大路欣也が小兵衛を演じるのは無理がある。剣客商売では、藤田のコミカルな演技が大変重要である。北大路欣也では無理である。藤田以外に、あの役を演じられる人は少ない。西田か、役所か、渡辺である。

必殺シリーズも、剣客商売も、希代の名優・藤田まことのはまり役だった。だからこそ、普通の役者をもってきたのでは、映画にならない。ゆえに現代の名優と言われる、西田敏行、役所広司、渡辺謙が適役なのである。彼らは、喜劇もシリアスも、演じ分けられる俳優である。

この三人の秋山小兵衛を想像しただけで胸が躍る。

●北大路欣也では三屋清左衛門も無理筋だ

その上、あろうことか、北大路欣也は、藤沢周平の名作『三屋清左衛門残日録《みつやせいざえもんざんじつろく》』を演じているのである。オイオイ、やめてくれといいたい。これは名優の中の名優、仲代達矢がNHKで演じた名作がある。筆者の中では、三屋清左衛門は仲代達矢と決まっているのである。それを勝手に演じるなんぞ、無礼者！　と言いたいのである。北大路欣也では、荷が重すぎる。それほど重厚な演技が必要である。

　ことほど左様に、国民的な作品については、映画関係者の狭い思考の中で、勝手に配役を決めてはならない。調査によって庶民の意見をしっかりと聞いてもらいたい。剣客商売などは、国民の財産となっている。国民の意思を尊重し、映画関係者だけで勝手なことをしないことである。

　最後に、東山紀之と北大路欣也のために言っておくと、二人には何の恨みもつらみもない。ただ純粋に映画演劇論として、批判しているのである。その配役には適役がある。『桃太郎侍』は高橋英樹であるというように。必殺と剣客商売は藤田まことのものである。安易に役者を決定してはならない。多くのファンを裏切ることになる。

『笑点』はつまらん！

●偉大なるマンネリ番組

　筆者は、長年の『笑点』ファンである、というよりも、日曜日の夕食の時間は、半ば自動的に『笑点』を見てきた。ざっくりいうと、他に見るものがないので、消去法で見ている。だから、大相撲があると、『笑点』は見たことがない。不思議なもので同じことをしている人が大勢いることを視聴率が証明している。大相撲がない日は、『笑点』の視聴率は高い。最近ではベストテンに入っている。しかし、大相撲があると、ガタンと視聴率が落ちる。それも劇的に落ちている。これはいかに多くの人が、大相撲にチャンネルを合わせ、『笑点』を見ないかの証明である。大相撲のある日曜日の夕方、日本人は大相撲を見ているのである。『笑点』は二の次三の次になっているのである。

ここで不思議なことは、『サザエさん』の視聴率である。以前は、必ずトップテンに入っていた。もちろん、『笑点』をはるかに上回っていた。しかし、今は、『サザエさん』は、かなり下に落ち、『笑点』よりも下である。二つは、同じような五十年変わらぬマンネリ番組であるが、『サザエさん』の方が、内容が限定されており、マンネリになるのは必然である。『笑点』は人が出演する番組ゆえに、同じマンネリでも、内容に変化をもたせることができるから、視聴率を維持できる。いずれにしても、この二つは、偉大なるマンネリ番組である。

●落語家としての実力は疑問である

『笑点』に出演している落語家の能力や実力について疑問が湧いた。あの程度のお笑いをできる人は、素人でも、大勢いるのではないか、という疑問である。

まして大阪の漫才師と比べると、人を笑わせるという一点の芸においては、プロと素人の差があるのではないかと思った。大阪の漫才師、宮川大助・花子、中田カウス・ボタン、大木こだま・ひびきなどのお笑い芸と比べると、月とスッポンである。

何を言いたいのかというと、古典落語など、筋が決まっている話芸は、筋書き通りやればそこそこの芸になる。しかし、変幻自在でトンチが必要な『笑点』となると、そうはいかない。当人が持っている人を笑わせる芸が必要になる。これは大阪の漫才師が持っている芸である。

『笑点』の落語家は、古典落語や筋の決まった落語はうまい。しかし変幻自在のトンチが必要な笑いでは、さほどおもしろくない。人を笑わせる芸については、下手くそである。落語の芸と、人を笑わせる芸は、別物だと言いたいのである。

その証拠に、『笑点』のメンバーで、筆者が合格点を付けられるのは、三遊亭小遊三と三遊亭円楽だけである。司会の春風亭昇太も、三遊亭好楽も、林家木久扇も、林家三平も、林家たい平も、人を笑わせる芸としては二流である。三平などは素人芸である。おもしろくもおかしくもない。お笑い芸人は笑わせてなんぼである。『笑点』メンバーは、落語家であり伝統の『笑点』のメンバーであることにあぐらをかいて、人を笑わせるというお笑い芸人の原点を全く忘れている。

人を笑わせることができないのは、ざっくりいうと、地頭《じあたま》が悪いか、お笑いのセンスが良くないのである。たしかに、地頭が悪くても、筋の決まった古典はできるが、変幻自在の芸においては地頭が悪いと務まらない。小遊三、円楽以外の落語家は、地頭が悪い。

地頭が悪い芸人では、芸人にきびしい大阪の風土、たとえば花月や松竹演芸場では、やじり倒される。ゲタが飛んでくる恐れがある。三平あたりでは、ゲタと一緒にペットボトルが飛んでくる。「あほんだら、ひっこまんかい」と。大阪のお笑いの風土においては、人を笑わせることが下手な芸人は、二流三流である。そして二度とおよびがかからない。

●天才、神田松之丞

東京の芸能の風土は、芸人に対して甘い。お客さんの方が最初から、笑おう、笑おうと待機しているのである。だから、箸が転んでも笑ってくれる。下手くそ極まりないコントでも笑ってくれる。結局、甘い風土のせいで、一流のお笑い芸人が育たない。その象徴が『笑点』である。ただし、落語家は噺家であるというならばそれもいい。その代わり、『笑点』なんぞに出てくるなと言いたい。

まして、神田松之丞《まつのじょう》などという超天才が講談界に現れた。彼の芸こそ超一流である。語りも、お笑いも、なんでもできる、まことに天才とは彼のような芸人を言うのである。同じく、超一流の芸人だった立川談志が、天国で、やっと俺を継ぐものがでてきたかと、安堵しているだろう。

左翼かぶれのトンチンカン芸能人

●吉永小百合のトンチンカン

吉永小百合は、筆者などの世代の人間には、栗原小巻と並んで、聖女のようなあこがれの理想的な女性だった。吉永や栗原のような女性は、ウンコやオシッコはしないとさえ思っていたものである。吉永小百合が、橋幸夫とデュエットで歌った時は、こんちくしょうと思った。橋幸夫のように「潮来の伊太郎ちょっと見なれば♪」と、首をかしげながら、歌う男が、吉永小百合と一緒に歌うなど言語道断だった。

しかし、吉永小百合が早稲田大学に入学したころから、ちょっと違和感を持ち始めた。あれほどの美人女優が学歴を欲するのかと、少し幻滅した。美人は美人のままで最高の価値があるからである。美人女優には学歴などまったく必要ない。広末涼子も四国高知の出身なので応援していたが、早稲田に入学したので、それっきり筆者の視界から広末を除外した。そういう意味で、栗原小巻は学歴をもとめなかったので、今もファンである。

そして、いつのころからか、吉永小百合はリベラル風のことを発言するようになった。最近は、しばしば左翼リベラルの風を吹かせている。反原発、反権力である。すべに述べたが、左翼リベラルというのは古すぎる思想である。紋切り型の、手垢のついた、ステレオタイプのイデオロギーである。

左翼イデオロギーとは、マルクス主義を源泉とするが、すでに破綻している思想である。マルクス主義や共産主義は理想論だった。現実を無視した観念論である。人間の営みは、理想論や観念論で動くはずがない。現実の社会は、一寸先が闇であり、どうなるのか見通せない。理想論やベキ論で人生が分かるならば文学は必要ない。人生は分からないから、哲学があり、文学があり、詩もある。

吉永小百合も賢い人であろう。しかしイデオロギーに染まるとイデオロギーが宗教化する。現実を見なくなり、理想論とベキ論を主張するようになる。老いれば老いるほど、がんこなほど観念的になる。かつての聖女吉永小百合の老醜の姿である。姿形も、心も、老いたのである。

●加藤登紀子のトンチンカン

加藤登紀子は正真正銘の左翼である。亡くなった夫は左翼の活動家であり、加藤と獄中結婚をしている。こういう人間が、いつまでも歌手として活動しているということは、日本のマスコミが、いかに左翼に甘いかの証拠である。戦後の左翼の人間が行ってきたことは、共産主義の賛美であり、旧ソ連やシナ独裁国家への応援である。

ソ連は崩壊したが、シナ独裁国家は、世界支配をたくらむ悪の国家である。旧ソ連を悪の帝国とよんだが、それは中国によって継承されている。チベット、ウイグル、蒙古などを抑圧し、自由民主主義の敵である。これを賛美してきた加藤登紀子の責任は限りなく重い。かつての自分の行動を反省し、謝罪したという話は聞いたことがない。共産主義は人道に対する罪である。共産主義は、数百万、数千万人を殺しているからである。人道に対する罪には時効がない。加藤の罪にも時効はない。

もう一つの加藤に対する違和感を述べておこう。筆者の大学時代は、昭和三十八年から四十二年だった。リュック一つを担いで北海道を旅した。その時、各地のユースホステルで聞いたのが森繁久彌の「オホーツクの舟歌」すなわち「知床旅情」だった。

当時、加藤の歌など存在しなかった。筆者の耳に、今も残っているのは、森繁の知床旅情である。その後、加藤の歌を聞いたが、強い違和感をもった。森繁のような人生の哀歓がまったく感じられない。ほとんどすべての歌は最初に歌ったオリジナルが最高に良い。知床旅情は森繁の知床旅情につきる。加藤のそれはニセモノか、知床旅情モドキである。

おバカタレント・ローラのトンチンカン

舌足らずの喋り方で人気があるローラという女性タレントがいる。バングラディッシュやスペインや日本人とのクォーターである。美形の上に舌足らずなタメ口をきくタレントとして人気がある。テレビを見ていると、しばしばコマーシャルでお目にかかる。おバカなキャラで売り出してきた。

このローラが、沖縄の辺野古の海を汚さないでと訴えて物議をかもした。「美しい海を埋め立てるな」という主張は、誰も反対できない万人受けのする模範解答である。しかし、なぜ辺野古なのか。どうして普天間ではなく辺野古になったのか。なぜ沖縄に米軍基地があるのか。ローラが、歴史的な、そして、軍事上の背景、理由などを、論理的、科学的に勉強したという形跡はない。豊かなサンゴの海がある美しい辺野古を見ての単純な反応にすぎない。情緒的、感情的な意見である。

同じく、りゅうちぇるとかいう気色の悪いタレントの反応も同じである。この人間は沖縄出身だそうだが、他の沖縄の情緒的、感情的な反対論の一つにすぎない。後節で詳しく述べるが、ローラを讃えた坂本龍一のような人間がいるが、逆に、辺野古移転に賛成するというタレントはいないのか。そういう人間こそ、真の勇者だと、筆者は讃えたい。

●芸人は分限をわきまえろ

ハリウッドの俳優は政治的な発言をするから、日本もアメリカに見習うべきだと、坂本龍一が知ったような軽薄な意見を述べていた。しかし、ハリウッドと日本では文化が異なる。ハリウッドで許されても日本では許されない。そんなことは自明でないか。二千年の歴史と伝統をもっている日本文化と歴史の浅いアメリカの文化を一緒にするなといいたい。なんでもアメリカを持ち出せば、水戸黄門の印籠のごとく通用すると思ったら大間違いである。

日本には職人の文化がある。職人は職人に徹しているから尊敬される。日本では俳優も職人である。職人たる俳優が政治的なことを発言するのは分限《ぶんげん》を過ぎている。分限をわきまえるというのも日本の大切な文化である。分限を越えて、余計なことをすると、排除される恐れがあるか、嫌われる。

古くは豊臣秀吉の逆鱗にふれた千利休である。数年前の民主党政権の「最低でも県外」と言った鳩山由紀夫である。分限を越えた発言をしたために政権を投げ出した。時代の寵児だったホリエモンこと堀江貴文もそうだ。調子に乗って政治活動に乗り出した時、すぐに排除された。ただし、この排除には、筆者は大いに文句がある。これは別章で、検察の暴走として取り上げた。

俳優のトンチンカン

以下は映画俳優について述べることにする。トンチンカンを含めて、筆者が身近に見た実像や虚像について語ろうと思う。なぜ、俳優を身近に見たかというと、名優津川雅彦さんが主催していた「探美会」に出席していたからである。

「探美会」とは、津川雅彦さんが主催し、文化や芸術から政治、経済、社会などありとあらゆるテーマを取り上げる勉強会であった。メンバーは、俳優やプロデューサーやディレクターから筆者のような人間まで、いろんな職業の人間が集まっていた。月一回のペースで開催していた。ゲストスピーカーは、知識人、学者、文化人、評論家、科学者、作家、俳優、タレントなど多彩である。ある時は黒柳徹子がゲストだった。津川さんと長年の親しい友人だった。

●名刺を持たない二流俳優

筆者は、「探美会」で、数多くの俳優を見てきた。その印象から語ろう。まず驚くのは俳優という人種は名刺を持っていない人が多かった。津川さんのように有名俳優ならば、分かるが、駆け出しか、あるいはさほど有名でないのに、名刺を持っていない。こっちが名刺を出して、挨拶しているのに、名刺を持っていないと言うのである。最初は名刺を忘れてきたと善意に解釈したが、たびたびあったので、俳優という人種は名刺をもっていないと分かった。

しかも、彼らは、その非常識と無礼に気が付いていないことに気が付いた。「オイオイ、お前は何様のつもりだ」と思うことにした。こういう非常識な野郎は、内心、軽蔑しておけばいいと思うことにした。もちろん、名刺をきちんと持っている人もいた。

●礼儀正しい俳優たち

大衆演劇の松井誠さんとは名刺を交換した。二枚目の俳優であり、礼儀正しい人だった。津川さんが「探美会」の世話役を募集した時、三人が名乗り出た。私は名乗りを上げたが、松井さんも世話役に手を上げた。あと一人は作曲家の中西長谷雄《はせお》さんで、この人も紳士だった。三人で世話役となった。大したことをしなかったが、俳優としての松井誠の人間性の良さをみた。

すでに述べたが、津川さんの盟友で、「探美会」を共催していた名優の山本學《がく》さんも紳士であり、礼儀正しい人だった。筆者は、この人とはお付き合いしたいという人に出会った時は、のちほど、「お会いできて光栄でした」と、簡単な礼状を出すことにしている。長年の習慣である。筆者の礼状に対して、山本學さんからは、手書きの丁寧な返事の手紙をいただいた。この人は本物だと思った。あれから、約六年になるが、毎年年賀状を交換している。今年の年賀状にも、手書きの一筆がきちんと添えられていた。

西岡徳馬さんも紳士だった。この人とも名刺を交換した。今、名刺をみると、平成二十六年一月六日と書いてある。礼状を出したら、きちんと返事をくれた。山本學さんと同じで、その後も年賀状を交換している。礼儀正しい人である。リーダーシップのある人で、劇団を主宰している。この人なら、人が集まるだろうと思った。

山田純大さんも感じの良い人である。お杉様こと、大スター杉良太郎の息子である。アメリカで、中学、高校、大学と終えているので英語力は抜群である。ナチスに迫害されたユダヤ人を助けた小辻節三について書いた本、『命のビザを繋いだ男―小辻節三とユダヤ難民』(NHK出版)を出版している。山田純大さんとは、「探美会」で何度か話をしたことがある。前記の本は素晴らしいので、本格的に書くことを勧めたことがある。何で書いているのですかと聞いたら、手書きだと言ったので、今からでも遅くないからパソコンで書くことを勧めたことを覚えている。頭の良い人である。

渡辺裕之さんは好男子だった。「探美会」で会った時は、言葉を交わしていた。隣り合わせに座ったこともある。毎朝、ジョギングをしながら、同時に、空き缶を拾っているそうである。もちろん、名刺を交わした。それを見ると、平成二十六年一月六日となっている。たしか、この時は、「探美会」の新年会で、安倍総理も出席していた。俳優たちと一緒に撮った写真が残っている。

秋野太作さんもいい人だった。あの独特の照れ笑いをする人で人懐っこいところがあった。筆者ともしばしば喋った。筆者は、渥美清の『男はつらいよ』の大ファンなので、フーテンの寅の弟分として出演していた津坂匡章（秋野太作）について話を伺ったことがある。当時は秋野太作（津坂匡章）も若かった。

笹野高史さんも、「探美会」には、毎回、出席していた。最前列で座っていた。津川さんが笹野さんを紹介する時、「ささぼん」と言っていた。「探美会」では、最初に、津川さんが初めての出席者を紹介する。紹介されると、何らかの意見や感想を述べることが慣例になっていた。短い時間でスピーチするのは勉強になった。筆者は、人前で喋るのは慣れているが、著名な俳優やタレントの前だと、緊張したことを覚えている。勉強になった。

松村邦洋さんは、見たままの素晴らしい喜劇人である。今年も年賀状をいただいた。いつもユニークな年賀状をくれる。人が好《よ》く、威張ったところがない。津川さんが、松村さんを紹介すると、それに対して、松村さんは津川さんのモノマネで、自己紹介をするのである。それがおもしろくて、場内は大爆笑であった。

中井貴一さんは、きさくな良い俳優である。夜から始まる「探美会」ではお目にかからなかったが、探美会は時々、外に出て見学会をすることがある。平成二十五年九月二十三日、東京芸大の美術館で、仏頭展というのが開催され、現地に集合した。入口に到着し、待っていると、三々五々、俳優やタレントが集まり始めた。入口の広場の端に中井貴一が一人で立っていた。筆者は、これはいい機会だと思い、中井貴一のそばに寄って行き「本日は楽しみですね」と声をかけたら、中井さんは、にこやかに「そうですね」と応対してくれた。緊張したが、何か話したことを覚えている。有名俳優なのに、その気さくな態度に驚くとともに、感動した。やはり育ちの良さが態度や物腰にでている。テレビで見るよりもはるかに背の高い人で、カッコいい俳優である。

★女優編

菅野美穂さんである。「探美会」では、女優は最前列に座ることになっている。会が始まって、しばらくすると、座っていた女優が席をたった。しばらくすると、その人は、席に戻ってきたが、またしばらくすると席を立った。合計三回ほど席を外した。なぜ、知っているかというと、最前列だから目立つのと、美人だからである。それが菅野美穂だった。実は、その時は、顔はテレビで見ていたが、場内に名前が紹介されるまで、しらなかった。家に帰って、女房に菅野美穂が来ていたと話すと、今をときめく美人女優だよと教えてくれた。それ以来、彼女のコマーシャルをテレビで見ると、「探美会」での光景を思い出す。

若村麻由美さんである。ある時、「探美会」に出席すると、美人女優の若村麻由美さんが出席しているではないか。驚いた、びっくりした。何を隠そう、いやいや、何も隠すつもりはないが、筆者は若村麻由美の大ファンである。テレビ時代劇で、渡辺謙が主演した『御家人斬九郎』で、相手役の芸者の蔦吉を演じている。ぞくぞくするようないい女である。御家人斬九郎は、筆者が見た時代劇の中で、村上弘明の『柳生十兵衛七番勝負』とともに、二大時代劇である。渡辺謙の太刀《たち》さばきが見事である。時代劇で、太刀まわりが上手なのは、桃太郎侍の高橋英樹と柳生十兵衛の村上弘明と斬九郎の渡辺謙である。あとの俳優は変なくせがある。松方弘樹は、運動神経があったが、腕だけで刀を振り回していた。太刀さばきのうまい俳優は、腰を入れて、手をきちんと伸ばし、全身で刀を振り回している。

●加藤頼のトンチンカン

ある時の「探美会」で加藤頼《らい》と席が近くになった。名優加藤剛の息子である。筆者は、あいさつのために名刺を差し出したが、名刺を持っていないと言った。加藤剛なら、名刺などなくてもいいが、加藤頼である。「加藤クンよ、お前は親の七光りの駆け出しだろう」と思った。先ほど言ったように、これが俳優のトンチンカンの勘違いの事例である。ベテラン俳優の西岡徳馬や、大衆演劇の松井誠などは、名刺をもっていた。世の中の仕組みをしっているか、常識を持ち合わせている人間ならば、名刺は必需品である。

加藤頼は二流の俳優である。その程度の人間が、初対面の人と会って、自分を紹介するための道具である名刺を持っていない。この男はしょせんこれまでで、絶対に一流にはなれないと確信した。ついでにいうと、筆者は、長年、加藤剛の大ファンである。大好きな俳優の一人である。ゆえに、加藤頼との違いに、親父である加藤剛の名前を汚すなと思った。

●奥田瑛二よ、初心忘るべからず

ある時、「探美会」に出席すると、俳優の奥田瑛二がいた。筆者は、この俳優の演技力について、高く評価している。性格俳優である。心の中に何かをもった、複雑な心理の人間を演じると素晴らしい。しかし、「探美会」での奥田瑛二の態度や振る舞いは感心しなかった。出席者が席について、研究会が始まった。

しかし、奥田は、突然、席を立ち、あたりを睥睨《へいげい》するように、机の間を縫うように歩き出した。「探美会」の進行状況など、まったく眼中にないという顔をしていた。その後、奥田が場内から出て行ったかどうか、今、正確に思い出せないが、覚えているのは奥田の傲慢そうな顔である。

奥田のために弁護すると、何か用事を思い出して、電話でもしようと席を立ったのかもしれない。ただ、彼の顔と態度物腰には謙虚さというものはなかった。遠慮しつつ、申し訳ないという顔をして、席を立ったのではなく、当たり前の当然という顔をしていた。

俳優という人種は、どうして偉そうな態度をするのか、まことに不思議である。自分たちを特権階級と思っているとしたら、世間知らずとしかいいようがない。

なぜ日本映画はつまらないのか

すでに述べたように、筆者は長年の映画ファンである。物心ついたころから映画を見ていたから、六十年以上になる。筆者は徳島市生まれだが、家が繁華街の真ん中にあった。自宅から半径三キロ以内に映画館が七軒あった。七軒のうち、六軒がアメリカ映画や洋画を上映していた。当時は、戦後の映画全盛時代だから、どの映画館も、満員だった。

男優はゲーリー・クーパー、クラーク・ゲーブル、ジョン・ウェイン、ヘンリー・フォンダ、ジャン・ギャバン、女優はグレタ・ガルボ、マレーネ・ディートリッヒ、ビビアン・リー、グレース・ケリー、ジーン・シモンズと、今でもスラスラと俳優の名前が言えるし、名場面を思い出す。

何がいいたいかというと、最近の日本映画のつまらなさである。スケールが小さい、なんといっても、おもしろくない、血沸き肉踊り、胸躍るものがない。黒澤明の『七人の侍』のような傑作がない。ついで言うと、筆者は、黒澤の七人の侍は、欧米を含めて世界映画史上の最高傑作であると断言する。日本映画は、黒澤以後、映画でなくなった。ただのテレビドラマである。

筆者は、夜、ほとんど地上波のテレビを見ない。つまらんからである。代わりに、ケーブルテレビで、一年中、ほぼ毎日『ムービープラス』という番組で洋画をみている。もちろん、洋画も出来不出来があるが、おもしろい映画が多い。

さて元に戻ると、俳優の慢心と傲慢さの話である。つまらん日本映画の中で、俳優でございと言っても、しょせん幼稚園の学芸会の世界である。世界ではまったく通用しない。日本映画の俳優が、何を根拠に態度がでかいのか理解できない。渡辺謙のように世界に通用する俳優たれと言いたい。さらにいうと、役所広司と村上弘明である。それにしても数が少ない。

第五章　テレビタレントのトンチンカン

テリー伊藤のトンチンカン

●尊大なテリー伊藤の学歴信仰

テレビというものは人間を傲慢無礼にする魔物である。テレビに出ていると、自分は偉い人間だと錯覚する。テレビ出演しているタレントに多い。テリー伊藤はその代表である。テレビでは、視聴者から直接的な反論がないから、自分の主張がそのまま通り、正しいと錯覚するのである。論文ならば反論や反駁がある。テレビは一方通行である。

テリーは学歴コンプレックスをもっている。だから慶応大学の大学院に入学した。日大経済学部の出身である。日大の大学院にゆけばいいのに慶応を選んだ。ブランド信仰である。だいたい芸人タレントに学歴は不要である。テリーは慶応の大学院を終えると、鳴り物入りで、それを売り物にするだろう。

東京には権威信仰として学歴信仰がある。権威としての学歴という箔《はく》をつけるのである。将軍家のおひざ元、そして明治政府いらいの権威の都である。大阪は商人の町で武家の権威は通用しない。今も権威なんぞ糞くらえという精神がある。

テリー伊藤は、テレビ界で成功し、芸能事務所を経営し、人脈もある、金もある、名声もできた。ないのは「学歴」である。そこで慶応大学の大学院に入って、学歴を付けようという魂胆である。あの忙しさで、勉強などする時間はない。慶応大学院卒という学歴が欲しいのである。

しかも大学院というところは、社会人、とくに有名社会人に弱い。ここ数年のうちに学位を手に入れるだろう。そしてますます傲慢なテレビ人として、傲慢無礼に番組を仕切るだろう。しかし、天網恢恢疎にしてもらさず、平家物語の通り、カルロス・ゴーンのごとく、驕慢・傲慢は、必ず墓穴を掘る。筆者は、それを予言しておこう。

欽ちゃんはほんとうに偉い

●七十八歳の大学生

テリーと正反対の人間が萩本欽一こと欽ちゃんである。駒沢大学には、試験を受けて入学し、毎日、真面目に授業を受けている。昭和十六年生まれの七十八歳である。有名タレントの肩書をまったくひけらかすことがない。テリーは、欽ちゃんを見習ったらいい。欽ちゃんが偉いのは、学歴を人生の出世の手段として使おうという気が毛頭ないことである。ただ自分の勉強のために大学へ行っている。純粋である。テリー伊藤のような偽善者は、一流大学というブランドのために慶応を選んだのである。欽ちゃんとは人間の根本が違う。欽ちゃんは、人間が素直で、気取らず、偉そうにせず、タレントの鏡のような人間である。有名タレントはこうあるべきであるという見本である。

欽ちゃんが、駒沢大学の仏教学部のゼミナールで、授業を受けている場面がユーチューブに出ている。若い学生たちに交じって、教授の講義を聞きながら、一所懸命に、鉛筆でノートに書いている姿が見える。あの姿を見ると、「この人には、見栄とか、虚栄とか、権威ぶるところがまったくない、何という謙虚な人だろうか」と思った。これほど素直な人間は稀有である。しかも、授業を絶対に欠席しないというのがさらにすばらしい。

●仏教学部というのがすばらしい

よくよく考えてみると、あるいは考えなくても、欽ちゃんといえば、超ビッグスターである。最近のお笑いタレントとは、全盛期の人気度には桁外れの違いがある。紅白歌合戦をぶっ飛ばすほどの勢いのあったタレントはいない。あれほど高い視聴率を取ったタレントは、二度と現れないだろう。あの大スターが、謙虚に学んでいる。なんの気取りも、てらいも、カッコつけもない。駒澤大学の仏教学部に入学したというのが、何とも味がある。吉永小百合の早稲田大学文学部や、テリー伊藤の慶応大学大学院でないところが最高によい。仏教学部というのが欽ちゃんらしい。勉強しようという強い意欲が感じられる。

欽ちゃんが所属するゼミナールで、教授が仏像を画面に映し出して、この仏像は如来か、菩薩か、その違いは何か。あるいは、飛鳥時代か、鎌倉時代か、いつの時代の制作かなどを教えていた。教授から指名された欽ちゃんがまじめに答えていた。仏教というものを、仏像を通じて、こんなにおもしろく勉強できるのかと、ついつい引き込まれ、筆者も大変勉強になった。欽ちゃん、いい勉強をしているなあと感心した。

その後、欽ちゃんは、二〇一九年五月に自主退学した。残りの人生をお笑いに捧げるためである。卒業にこだわらず、転身する、この変わり身の早さも見事である。君子豹変す。

大竹まことよ、君は何様のつもりだ

この男も知ったかぶりをする典型的な芸人タレントである。ビートたけしと親しいゆえに、『テレビタックル』などに出演しているが、しばしば的外れの間違ったコメントをしている。知識・教養が致命的に欠落している。テレビの中だから、誰も指摘しないから、自分の間違いや恥知らずに気が付かない。

リベラル風のことを言い、リベラルをカッコいいと思っているのは、あまりにも古くさい。それをいまだに新しいとおもっているのだから、まさに軽佻浮薄《けいちょうふはく》の典型である。

すでに述べたが、テレビというものは人間を傲慢無礼にする魔物である。テレビにでているだけで自分は偉くなったと錯覚を起こすのである。逆に言うと、これはテレビの強大な能力というのかパワーである。ろくでもない芸人が、偉そうな態度をする。ネットをみると、芸人が混んでいる店に入ってきて、開いた席がないとき、特別に席をつくることを要求している光景が映っていた。

帽子を深くかぶり店に入店し、店員が応対すると、帽子を取り、「○○だ」と名乗り、窓際の席を空けてくれと言うのである。その時、店員は、窓際の席は開いていませんので無理ですと断ったそうだ。特別待遇を要求する神経こそ傲慢無礼の典型である。自分たちは特別な人種だと錯覚している。

爆笑問題をのさばらせるテレビ界は甘すぎる

爆笑問題は、たいした芸もないくせに一流芸能人ぶっている。漫才師なのか、タレントなのか、よくわからない。漫才師としては二、三流である。

東京は、テレビに出演する機会が多いから、有名になる確率も高い。たいした芸もないくせに、ちやほやされて、その気になっている。今年の正月番組だったが、爆笑問題が司会をして、次の出番の落語家を紹介した時、「日大の先輩の○○さんです」と紹介した。

噺家を紹介するのに、日大出身で、しかも先輩などと言う必要はまったくない。自分の学歴をひけらかすために言ったのだろう。これが東京という風土、すなわち権威をかさに着て振舞おうする嫌な文化である。

落語家は落語をしてなんぼである。芸人は芸をしてなんぼである。学歴など全く関係ない。東京では、漫才コンビが売れてくると、いつのまにか、かたわれが番組の司会などをやり始めている。そして、コンビの漫才は全くやらなくなる。さらに出世すると、文化人になっている。漫才師から文化人へ出世である。爆笑問題は、コンビを組んでいるが、やっていることは番組の司会であり、評論家や文化人づらしてコメントをつけることである。

高田純次とポルシェ……芸人の奢りと慢心

●ポルシェは奢りと慢心の証明だ

タレントの高田純次が、平成三十一年四月十四日に東京都内で交通事故を起こした。そのことが「週刊文春」にスクープされ大騒ぎになった。

しかし、事故の原因は問題の本質ではない。筆者が問題にしたいのは、芸人の生きざまである。すなわち貧乏芸人だった男が超高級車のポルシェに乗っている生活態度のことである。筆者も大ファンの人気番組『じゅん散歩』で、庶民の目線で、毎日、コツコツと歩いている男が、実生活では、ポルシェでぶっと飛ばしていたのである。

芸人がポルシェに乗ってはいけないというのではない。自分達と同じ貧しい庶民であると思っていた男が、実は高級車を乗り回す大金持ちだったという興ざめの現実である。芸人は庶民に夢を与える存在である。しかし、ポルシェの前に、庶民の夢は、はかなく散った。「じゅんよ、お前もただの傲慢無礼な芸人だったのか」

そういう意味では、大スター高倉健さんは、生涯、高倉健さんに徹した。ポルシェか、ベンツに乗っていたとしても、決して、そのことを表にださなかった。庶民の夢の中に生き、そして夢の中で死んでいった。ゆえに偉大なのである。高田よ、まだまだ修行がたりん。貧乏時代の初心忘るべからず。

●お笑い芸人は笑ってもらってなんぼだ

高田純次の件は、奢る芸能人や、傲慢無礼なテレビタレントを象徴する出来事である。最近、芸能人やタレントが特権階級の人間のごとく振る舞っている。自分達のことを特別な人間と思っているらしい。いったい何様だと言いたくなる。テレビというエイリアンが芸人というプレデターを生んだのである。

新井浩文や、ピエール瀧など芸人の事件や事故が増えている。人気が出てチヤホヤされると、奢り、驕慢になるのは人の常であるが、昔の貧乏芸人の時代を思い出せ。高田純次よ、ポルシェに乗っていること自体が、すでに芸人の分限を越えている。

ましてお笑い芸人は、笑ってもらってなんぼである。庶民と同じ目線、同じ姿勢、同じ生活をしてこそ、芸人としての価値があり、大衆に支持されるのである。清貧と品性高潔は、人間を人間たらしめる根本原理である。庶民とはかけ離れた超高級車に乗ったのでは、もう芸人ではない。にわか成金か、成り上がり者である。芸人よ、心せよ、奢る平家は久しからず、人生の一寸先は闇である。

第六章　キャスターのトンチンカン

●宮根誠司・賞味期限が切れた男

最近、『ミヤネ屋』の宮根誠司もネタ切れで、凋落の時を迎えているようだ。これは、いかなる有名人もたどる道で、栄枯盛衰、世の習いの平家物語である。飛ぶ鳥を落とす勢いだった久米宏、みのもんた、古舘伊知郎などがたどった道である。

宮根誠司は、関西人か大阪人のように振る舞っているが、島根県太田市の出身の島根県人である。その後、関西大学に入学した。島根県は広く関西圏だから、宮根は広義の関西人である。筆者は、四国徳島生まれである。四国の徳島県や香川県は、島根県と同じで、関西文化圏である。昔より、都会と言えば大阪である。大阪に行く定番のコースは、徳島の港から船に乗って大阪の天保山港にでることが多かった。

司会者としての宮根の問題は、人の意見を聞かないことである。人の話を最後まで聞かず、話に割って入って喋る。とくに、スタジオにいない人が中継画面を通じて出演している場合、話をしている最中に、話をさえぎって喋る。大変無礼な行為である。視聴者は、もっと聞きたいと思っているのに、宮根は独断で話を進めてしまう。自分の狭い知識や教養の範囲で物事を判断することが問題である。謙虚さもない。

『ミヤネ屋』の視聴率は低下しているだろうと思って、ネットを見ると、フジテレビの安藤優子の『グッディ』にも抜かれたと書いてあった。案の定であるが、安藤優子に抜かれたというのには驚いた。安藤優子もキャスターとして賞味期限が切れているからだ。その安藤に抜かれるとは、よほど宮根も人気がなくなったのである。しかし、これは必然であろう。

宮根誠司は、根本的なことだが、地頭《じあたま》が良くない。安藤も地頭が悪い。これは司会者やキャスターにとって致命傷である。宮根は、一見、鋭く番組を仕切っているようだが、かなり反応が鈍く、知識・教養の無さを露呈している。根本的に時代を読むセンスが悪い。よく喋ることと、関西風の大胆な物言いで、人気を得てきたのだが、とうにメッキが剝がれている。

●エセ・リベラル古舘伊知郎の終焉

古舘伊知郎は、久米宏の『ニュースステーション』のあと、『報道ステーション』で人気がでたキャスターである。しかし、久米宏や関口宏と同じで、典型的な、そして古典的な左翼リベラルである。

本書で何回も述べたが、左翼思想にかぶれた人間とは、ある種の新興宗教にかぶれた人間である。左翼の原点、ご本尊は、いうまでもなくマルクス・レーニン主義である。カール・マルクスは、ご存知、ドイツの哲学者であり、思想家であり、経済学者である。有名な資本論の著者である。

筆者は、経済学部だったので、当時はマルクス経済学が全盛だった。資本論を買って開いたが、難解で読むことが不可能だった。何度も挑戦したが、とうとう読まず、読めずに卒業した。実際、資本論を読んだ人は少ないだろう。天才・小室直樹先生は、学生時代、左翼学生を片っぱしから論破したそうだ。「君は『資本論』を読んだのか。第三巻には何が書いてある」と問いつめると、みんな白旗をあげたそうである。

●久米宏も過去の人である

テレビ界とはすべてが虚構の世界である。映画やドラマと同じである。しかし、長年、テレビ界で過ごすと、虚構を現実であると錯覚する。その結果、裸の王様となる。実際、たいした芸もないくせに、テレビに出ているというだけで、態度のでかい傲慢無礼なタレントや芸人が、掃いて捨てるほど現れる。逮捕された新井浩文やピエール瀧などである。その昔の島田紳助もそうである。芸人やタレントとして奢り高ぶり、人生を舐めた結果、無残な結末になった。

不祥事件は起こさなかったが、全盛時の久米宏は傲慢無礼の極致だった。時の政権批判などは辛らつだった。「テメエは何様のつもりだ」と言いたくなるような態度だった。久米宏がテレビで威張っていた時代は、日本社会が左翼的雰囲気に包まれていた。山本七平のいう「空気」が、左翼リベラルで覆われていた。だから久米宏の出番があったのである。

●日本人は保守的な民族である

しかし、はっきり言えることは、時代は変わった。朝日新聞は、安倍政権を叩くが、安倍さんの支持率は四割をこえている。小泉純一郎のように爆発的な人気はないが、固い支持層ががっちりと固めている。これが安倍さんを支える岩盤としての保守層である。

肝心な点は、今の日本は、保守層が大勢であるということである。もともと日本という国は保守的である。ヨーロッパのように、革命を起こす風土はまったくない。日本列島の大多数の住民は、数千年間、田んぼを保守して生きてきた百姓である。百姓が保守的であるのは当たり前である。社会党などの革命勢力の支持率が数パーセントだったというのは、これも当たり前である。百姓をルーツに持つ日本人が革命を欲するはずがない。社会党や民主党が没落するとともに、久米宏も没落した。もう久米宏も、古舘伊知郎も出番はない。左翼リベラルの終焉である。

●みのもんた・あの人は今何をしている

一時は、飛ぶ鳥を落とす勢いのテレビ人間だった。次男が事件を起こしてから、批判をあびて急速に人気をなくした。人懐っこい顔をしており、庶民的な面ももっている。しかし、テレビというものは魔物で、人気がでると、おのずと態度や振る舞いが傲慢になる。みのもんたも、傲慢無礼な印象が付いて回るようになった。それと同時に、次男の不祥事が起きたのである。親父の権勢が子供までに伝染し、不祥事につながったのである。平家物語ではないが、平清盛の権勢が、一族の権力へと波及し、平氏でなければ人にあらずという風潮を生んだのである。驕る平家は久しからず、奢るみのもんたは久しからずである。ただ思想的には、ノンポリである。久米宏や古舘伊知郎のような左巻きではない。主に出演していたテレビ局が日本テレビなどだったために、左巻きにならずに済んだ。そういう意味では、古舘伊知郎も、テレビ朝日でなければ、左巻きにならなかったかもしれない。

コメンテーターのトンチンカン

●なかにし礼・リベラルを気取るニセモノ文化人

この男は遅れてきた左翼もどきである。左翼小児病か、左翼というハシカにかかっている。ハシカは一時的なものだが、この男は大人になってからかかったらしい。作詞家としては良い歌を作っている。しかし、作詞家として大成したころから、左翼的な発言が目立つようになった。反自民であり、反安倍である。リベラルを気取っている。リベラルがカッコイイと思っている以上、この男もまた時代遅れである。左翼はソ連崩壊とともに、失われた思想である。

不思議なことに、こういう反権力、反自民党を気取る奴は、申し合わせたように、韓国を擁護するような発言をする。韓国の文化は進んでいるとか、韓流は素晴らしいとか、韓国の民主主義は日本より進んでいるとか、朴槿惠を倒した韓国の民主主義は健全だなどと発言している。左翼小児病を発症しているのである。テレビ朝日の『ワイドスクランブル』に出演していた時の左翼偏向報道はひどかった。

またこの男は、しばしば「戦争体験者」と言って、平和の大切さや戦争反対をしたり顔で説教する。しかし、この男が満洲から引き揚げてきた時は、七歳である。満洲体験と言っても、ゼロ歳から七歳であって、戦争体験などといえるしろものではない。戦争体験とは、あの戦争の時代に大人だった人の経験をいうのである。ほんとうの戦争体験者が生きていた時代には口をつぐんでいたくせに、戦争体験世代がいなくなると、とたんに戦争体験を大げさに語り始めるのである。私の父親は大正二年生まれであり、まさに戦争の渦中にいた世代だったが、戦争のことはまったく話さなかった。たぶん、あの苦労、あの苦しみ、あの悲惨さは、語っても分かるものではないと思っていたからである。実際、ほんとうに苦労した人は、その苦労を語らないものである。そういう意味では戦争体験を大げさに語るなかにし礼は偽善者である。

●玉川徹・ただの理屈っぽい男

テレビ朝日に『羽鳥慎一モーニングショー』という情報番組がある。その中でコメンテーターとして出演しているのが、玉川徹である。この男、いかにも理屈っぽい男である。何にでもしたり顔でコメントする。だから、時々、化けの皮が剝がれて恥をかいている。しかし、テレビは、新聞などの文字媒体と違って、電波が空中に消えてなくなるので、人々の記憶に残らない。当人も、恥の意識が少ない。そういう意味では、恥知らずな人間にとっては、テレビは便利な媒体である。

平成三十一年二月六日の午前の十時前、高田純次の『じゅん散歩』を見ようと、テレビをつけっ放しにして、この原稿を書いていたら、玉川徹の声が聞こえてきた。次のように言ってるのが聞こえた。

護衛艦いずもは、「専守防衛という憲法違反になる」と。玉川のこの発言を最後にして番組は終わったので、番組内での詳しいいきさつは知らない。しかし、最近、話題なっている護衛艦いずもの空母化への言及だったようである。この問題は、左翼リベラルが、例によって例のごとくの自衛隊批判として、最近、よく取り上げられる。だから、リベラル気取りの玉川の自衛隊批判であるとすぐ了解した。

護衛艦いずもを空母化することが、なぜ憲法違反になるのか不思議である。この手の批判は、憲法を金科玉条にして、異論を封じる左翼の常套手段である。ただ玉川の東アジアの軍事情勢についてあまりの無知と極楽トンボぶりに驚くだけである。玉川の発想は、平和憲法を押し頂いていたら、平和になると錯覚している、小学低学年と同じである。

中国の軍事力は二十兆円、北朝鮮は核兵器を保有し、韓国の軍事費は四兆七千億円で日本に迫ろうとしている。この反日三カ国の軍事力は、日本にとって危険な水準に到達している。一人日本だけが軍事弱小国となり下がった。玉川に言いたい。有効な防衛戦略を提案しろ。中国・韓国・北朝鮮の反日三カ国に対する防衛方法を提示してくれと言いたい。

参考までにいうと、防衛白書は、空想的平和主義という病気にかかった白書である。たとえば平成三〇年版「防衛白書」には、四つの基本政策が書いてある。第一、専守防衛。第二、軍事大国とならないこと。第三、非核三原則。第四、文民統制の確保。問題は第一から第三までである。

第一の専守防衛論という軍事理論は非現実的な空想論である。第二の軍事大国とならないこと。これも空想的平和主義が生み出した愚かな政策である。第三、非核三原則。日本は核兵器をもった中国、北朝鮮、ロシアに包囲されている。反日国家の韓国の世論は核武装が多数派になっている。以上、戦後七十年もの長きにわたって、空想的平和主義に毒された防衛政策を掲げている。頭が狂っているとしか言いようがない。

第七章　タクシー代のトンチンカン

日本のタクシーは高すぎる

●なぜ、タクシー会社はつぶれないか

日本のタクシー料金は非常に高い。否、異常に高い。アメリカやアジアを旅行した経験がある筆者の実感である。ゆえに、日本では、よほどの緊急性がないかぎり、タクシーに乗ろうと思ったことがない。

海外では、危機管理上、タクシーは足としてつかう。来年の東京オリンピックの時、高いタクシー料金は、海外のお客に大きな迷惑をかけるだろう。掃除が行き届いてキレイなタクシーよりも、ニューヨークの汚いが、安いタクシーが良い。タクシーは、移動手段である。床の間がついているお座敷である必要は全くない。

日本は、タクシー業界を運輸省が規制して、業者を守り、運賃を高止まりにして保護している。だから、タクシー会社はつぶれない。消費者は、多大な損失と迷惑をこうむっているのである。業界が政治家に献金し、圧力をかけているからである。消費者を犠牲にする、こんな理不尽を放置させるな、消費者を馬鹿にするなと言いたい。だが、消費者は賢いから、タクシーなどに乗らないだけである。使わなくても代替手段がある。黙って反撃するだけである。困る

のは、結局、タクシー業界である。
以下の料金は、インターネットで調べたものである。

★タクシーに乗って、三キロ走った時の料金である。
ニューヨーク　　四～一〇ドル
ワシントンＤＣ　七・五〇～一一・〇〇ドル
東京　　　　　　九・〇八～一一・八〇ドル

★初乗りでは下記の通りである。
東京　二km　七三〇円　二kmから　三二〇円／km
上海　三km約一九〇円　三kmから　約三七円／km　一〇kmから約五六円／km
インド　四km約一七六円　四kmから　約二三円／km

●最高のおもてなしは料金を安くすることだ

実体験として、東京のタクシーはもっと高く感じる。筆者は横浜に住んでいるが、タクシーは、バスがなくなった時に乗るだけで、原則として一切乗らないと決めている。あまりにも理不尽に高いからである。自宅までバスだったら二百四十円であるが、タクシーに乗ると千六百円もかかる。

東京オリンピックの時、リップサービスとして、おもてなしを言うよりも、最高のおもてなしは、料金を安くすることである。オリンピックまでに劇的に改善しないと、外国人観光客から大ブーイングを食らうだろう。逆に言うと、日本の住民として、強い外圧でタクシー代を下げさせることは大歓迎である。

なぜ高いのかというと、最大の理由は、自由競争がないことである。普通の業界のように、各企業が、自由に、激しく競争していない。運輸省の規制でがっちりと守られている。タクシー会社が、倒産した、潰れたという話は聞いたことがない。潰れないように、護送船団で保護されているからである。人件費が高い、車検が高いなどなどは枝葉末節《しようまつせつ》な言い訳に過ぎない。

ただし、効用もある。タクシー業界が雇用を守っていることである。運転手を見たらわかるが年配の人が多い。タクシー業界は、倒産がない。ゆえに失業がない。ゆえに年配の人にとって、良い職場である。

●安いタクシーを提供し高齢者ドライバーの運転をやめさせろ

高齢者ドライバーの事故が社会的な大問題になっている。つい最近も、八十六歳の老人が死亡事故を起こした。高齢者に対して、運転するなと言っても、移動手段がない人は運転せざるをえない。代替え手段を提供しないでおいて、運転を止めろと叫んでも効果はない。日本人は、代わりの手段・方法を提供せずに、「止めろ、止めろ」と、正義感ぶって言いつのるが、これを非論理的な対応というのである。

高齢者の移動のための切り札がタクシーであるが、今の料金では高すぎて、年金暮らしの高齢者には無理である。問題解決は、論理的には簡単である。タクシー料金を安くすればいいのである。即、高齢者の代替えの移動手段となる。

昔、タクシー料金が相対的に安かった時代は、大衆はタクシーを足として使った。

しかし、今日のように高くなると、タクシーを使えるのは金持ちだけである。年金暮らしの高齢者が、足として使える金額まで、料金を下げろと言いたい。そうすれば、高齢者の運転事故の問題は劇的に改善されるだろう。

●タクシーの相乗りは問題の解決策にならない

政府がタクシーの相乗りを認めることになった。タクシー代が高いから相乗りして個人の負担を減らそうというのである。しょせん小手先芸である。問題の抜本的な解決方法ではない。

タクシー代が高いことを政府はわかっているのだったら、策を弄するのではなく、タクシー代を劇的に安くすればいいだけのことである。タクシー代を安くすると、需要が増えるから、タクシー会社は儲かる。そうするとタクシードライバーの賃金もあがる。

タクシーの運賃の規制は、過当競争が理由だった。過当競争という前提が間違っている。過当競争などというのは、タクシー会社の言い分である。タクシー会社が自分達の儲けを確保するために使った自分達の都合のための言い分である。消費者のことなど全く考えていない発想である。過当競争という言い分を持ち出し、カルテルを結んで、利益を山分けしようという汚い考えである。

●過当競争という競争はない

競争に過当競争というものはない。競争は競争である。競争は資本主義経済、自由主義経済の根本原則である。競争は徹底的にやってこそ価値がある。競争に規制を設けるなどは言語道断である。競争を無くしたら社会主義になる。タクシー業界は、社会主義社会と堕しているのである。そして、そのツケは利用者が払わされている。

タクシーも、資本主義経済の一員ならば、徹底的な自由競争をすることが肝心である。そうすると、不良企業は淘汰される。儲かる会社が生き残る。優良ドライバーが高給を取ることができる。やる気のない不良ドライバーが淘汰される。

武田のビタミン剤・アリナミンのトンチンカン

日本のビタミン剤は高い。筆者は飲みたいと思うが、高いので手を出さない。代表的なものは武田のアリナミンである。アマゾンで価格を見ると次の通りである。たとえばアリナミンEXプラスは、六十錠入りが、正価二千三百円、アマゾンの価格では千九百円である。一錠あたり約三十円である。朝昼夜、三粒飲むと三十円×三粒＝九十円／日である。一カ月三十日飲むと二千七百円である。一年飲むと二千七百円×十二カ月＝三万二千四百円である。

年間三万二千四百円のビタミン剤は、ビタミンが必要な年金暮らしの高齢者には家計に重い。ゆえに筆者は養命酒を飲んでいる。養命酒は、一瓶が千グラムで、約二千円である。これで約一・五カ月から二カ月間飲める。コストパフォーマンスは大変良い。アリナミンを俎上にあげたが、他社の製品も高いので、結局、筆者は、ビタミン剤が安くならないかぎり、飲まない。

昔、息子がアメリカに留学していた時は、いつもお土産にアメリカ製のビタミン剤を買ってもらっていた。安かったのでビタミン剤は飲んでいた。しかし、もともと筆者などは、健康だから、あえてビタミン剤を飲む必要はないので、アメリカ製が手に入らなくなると飲むのをやめた。問題は、健康でない人で、ビタミン剤に頼っている人にとっては、高いビタミン剤は家計にとって痛い出費である。しかし、健康のために飲まざるをえないから、やむを得ず購入する。結局、これは弱者の弱みにつけこんだアコギな商売である。あの高い価格はいったいどうしてなのか。コマーシャルをバンバンうっているから広告宣伝費は高い。それが価格に跳ね返っている。しかし、買う人がいるから、売れる。高い価格を維持し、ぼろ儲けするという図式である。しかし、ヨーロッパと貿易協定が結ばれ、輸入品が安くなりそうである。ビタミン剤も、貿易協定で、安くならないかと期待している。アメリカ製の安いビタミン剤が入ってくると、日本製も劇的に安くなるだろう。

バター・チーズのトンチンカン

表はバターの各国の価格の比較である。日本のバターが一番高い。チーズも同じである。筆者は、以前から健康のためにチーズをよく食べていた。そして、いつも高い価格に対して、不満をもっていた。それが本原稿を書かせている動機である。

酪農家を保護するために、高い関税をかけているのである。高い関税は、国民の犠牲の上に酪農を保護しているのであるが、そんなことを頼んだ覚えはないと言いたい。資本主義経済の原則に反している。

国際経済は、「リカードの比較優位の原則」に従うことがベストである。国際的な分業である。日本は自動車などの工業製品に特化すればいい。狭い島国で酪農製品を製造することはムダである。競争力のない酪農家を保護するために高い関税をかけ、高い製品を買わされている。その上、酪農家に対して税金・補助金を出しているとなると、国民・消費者は踏んだり蹴ったりである。競争力のない酪農家など不要である。

世界各国のバター価格（250g・米ドル）	
日本	4.45ドル
アメリカ	1.81ドル
イギリス	1.93ドル
フランス	2.39ドル
イタリア	3.06ドル
ロシア	1.74ドル
アルゼンチン	1.49ドル
シンガポール	2.57ドル
オーストラリア	1.93ドル
南アフリカ	1.78ドル

方程式のトンチンカン……数学は必要なのか

●人生において方程式は役に立つのか

筆者は、かねがね、学校で習う方程式に疑問を抱いてきた。

ざっくり言うと、人生において方程式は必要なのかということだ。中学や高校で、二次方程式、三次方程式などの数学を自動的に勉強させられた。数学の教科書を与えられ、教師は当然のごとく、方程式を教えた。生徒も、なんの疑問もなく、勉強した。

しかし、筆者はそこそこ長く人生を送ってきて、ここ十年あまり前から、方程式を学ぶことに疑問を持ち始めた。なぜ方程式を勉強するのか、ということだ。しかし、筆者の疑問に答えてくれた人はいない。本を読んでも、ネットを見ても、満足する回答はない。学生時代を振り返っても、方程式を勉強する意味を教えてくれた教師はいない。みんな自動的にカリキュラムに従って、やっただけである。受験だから勉強しただけである。

●織田信長は方程式を知らなかったが英雄だ

しかし、果たしてそれでいいのか。意味もないことを勉強するのは、壮大な時間とエネルギーのムダである。ムダであるならば、そのムダをやめて、他の生産的なことに時間とエネルギーを注いだ方がいい。

とんでもないことを言うようだが、織田信長は方程式を知らなかった。豊臣秀吉は方程式を勉強していなかった。もちろん徳川家康もだ。しかし彼らは日本歴史の英雄である。方程式は全国統一に何の貢献もしていない。もちろん、その後の歴代将軍も方程式を知らなかった。

さらに時代を下ると、吉田松陰は方程式を知らなかった。坂本竜馬も、高杉晋作も、伊藤博文も、山形有朋など維新の英雄たちも方程式を知らなかった。もっと時代を下ると、戦後の偉大な経営者、松下幸之助も本田宗一郎も、難しい方程式は知らなかった。

ただし本田宗一郎は、本田技研を創業後、学問的な課題に行きあたり、浜松高等工業学校（静岡大学工学部）の機械科の聴講生となり、三年間、勉強している。本田宗一郎のような場合こそ、学問は実践と結びつき、学問が真の価値を発揮した稀有な例である。

●学問に目的と意味を与えよ

織田信長は方程式を知らなかったという例は、学問とは何かという根源的な筆者の疑問である。学問をする時、数学を勉強する時、大切なことは、その意味とその目的を、明らかにすることである。方程式を学ぶ時、教師は「方程式は将来、人生を生きるにあたって……の時に役に立つのである」と教えるべきである。

そうすると、数学が好きになる。ところが、頭から当然のごとく数学を教えられると、苦手な生徒は、当然、数学嫌いになる。すべて、何かを教える時、あるいは何かをやる時、その意味とその目的を教えることである。そうすると、やる気になる。

ところで、方程式は何のためにやるのか、正確に答えられる人はいませんか。ぜひとも教えていただきたい。論理的思考力とか、科学的思考力のためというのは、解答になっていない。教科書に書いてある陳腐な紋切り型の解答である。方程式を知らなかった徳川家康は、論理的に考え、論理的に行動したから関ヶ原の合戦に勝ったのである。

●人生はそろばんを知っていれば十分だ

筆者の女房は、ソロバンが達者であり、当然、暗算もできる。結婚以来、約半世紀、数えきれない場面で、その威力をみせつけられた。

たとえば、筆者が、何かの足し算をしている時、計算器を使うのがめんどうなので、隣の部屋にいる女房に向かって、大声で「計算を頼む！」と叫ぶのである。そして、「345＋4567＋34598＋267を足すとなんぼ」と言うと、「合計39777！」と返ってくる。まことに便利な計算器である。

女房は主婦仲間の集まりでは会計を担当している。主婦の会計は割り勘が当然であるから、お喋りが終わって、勘定になると、女房が一人当たりの金額を算出し、レジで精算する。あるいは、スーパーで買い物をすると、精算の後、レシートを見ながら暗算で計算する。時々、間違っている場合がある。その時は、すぐレジ係に対して、この計算まちがっていますよと、教えてあげておつりを貰い直す。

筆者の主催している研究会がある。二十四年続いている。研究会では、午前の部では、毎回、二百通から三百通の論文の発送作業をおこなう。政治家が何通、マスコミが何通、テレビ局が何通、評論家が何通、学者が何通……と、黒板に書きだし、合計する。

女房が手伝いで出席している時は暗算を頼む。しかし、女房がいない時は手間取る。研究会には、数学が得意だった東大出が二人いる。国立大学や著名私立大学の工学部を出た数学が得意な人が十人以上いる。しかし、だれ一人、瞬時に足し算ができない。

女房は、短大卒で、中学時代はバスケット、高校も偏差値の高くない学校でバスケばかりで、数学など虫唾が走るほど嫌いだそうだ。ついでにいうと英語も大嫌いである。なぜソロバンができるかというと、女房の両親は、明治三十八年と四十三年の生まれで、小学校しかでていない。しかし商売人であるから、小さい時から、ソロバンを叩きこんだのである。小学校しかでていないという両親がいるというのも、現代では信じられないが、筆者の両親の世代では当たり前だった。

江戸時代から続き、明治や大正と伝えられてきた「読み、書き、そろばん」の威力とその重要性を、数十年の間、数えきれないほど認識させられてきた。ついでにいうと、すでに述べたが、女房の父母は、母親が尋常小学校卒、父親が尋常高等小学校卒で、お互いに優劣を競っていたそうだ。たしかに、明治時代は、尋常小学校と尋常高等小学校があった。尋常小学校を卒業すると、尋常高等小学校に進んだ。庶民一人一人に小学校教育を導入した明治人はほんとうに偉いと思う。

筆者は、もちろん受験数学をやってきた。難しい方程式も解いてきた。しかし、社会に出て以来、数えきれない実践の場で、そろばん達者の女房の計算力の前には無力だった。方程式の出番はただの一度もなく、何の価値もなかった。社会に出てから、必要であり役立つのは、足し算、引き算、掛け算などの単純な計算である。いったい受験数学における方程式は何だったのか。まして数列だの行列だのと何のためだったのか。

以上の根源的な疑問に答えてほしい。今のやり方では数学嫌いを大量生産するだけである。今の授業のやり方は間違っている。そして、これは英語の授業にもいえるのである。なぜ英語嫌いを生むのか。こむつかしい英文法を教えるから英語嫌いになるのである。もっと実践的で、役立つ、おもしろい方法がある。

●暗唱という方法

筆者には、中年以降になって実践している学習法がある。「暗唱」という方法である。徹底的に文章を、声に出して、暗唱するのである。名文の文体を学ぶための方法である。方丈記、平家物語、奥の細道などの古典、明治時代の森鷗外、夏目漱石、昭和の山本周五郎、司馬遼太郎、池波正太郎、藤沢周平などの文体を徹底的に暗唱して、脳に叩きこむのである。

ただひたすら暗唱するだけであるが、成果が目に見えるから、やる気がでる。成果とは、記憶しているか否か、覚えているか否かで計るだけである。さらに、暗唱の分量が増えるにつれて、やる気がでてくる。連続十分間しかできなかった暗唱が、二十分、三十分続くようになり、四十分、そして一時間以上、連続して暗唱できるようになる。

そうすると、新しい文章を覚えるのが楽しくなる。同時に、暗唱能力が向上し、暗唱術が身についてくる。短時間で覚える要領を会得する。歳をとると、ボケ防止、脳の活性化のために効果がある。


筆者は、この暗唱法を英文の暗唱にも使っている。そして、学校の英語教育にも応用したいのである。文法や英文解釈に時間を費やすのではなく、授業時間の多くを暗唱に費やすのである。英文を徹底的に暗唱し、暗記させるのである。暗唱は時間に比例するから、偏差値とは関係ない。だからいいのである。こねくり回す文法などと違って、単純だから、いいのである。

第一、むつかしく頭を使う必要がない。第二、中学生や高校生の若い頭脳にとって、暗唱は簡単である。第三、暗唱の成果が目に見えるからやる気を起こす。時間を費やせば、誰でも成果がでる。第四、学校の授業時間は、みんなで一緒に暗唱すると、自然と暗唱が楽しくできる。

第五、口から英語がペラペラと出てくると、それだけで快感であり、英語の達人になれたような気がする。

この原稿を校正していると、日本経済新聞（令和元年五月二九日号）の最終頁の文化欄に、田辺新之助という教育者であり漢詩人のことが載っていた。明治から昭和まで生きた人で、逗子開成中学や鎌倉女学校を創設した人である。

歌人の**斎藤茂吉**は、東京の開成中学で、田辺新之助から英語を教わった。その方法が英文を丸暗記させる授業だった。茂吉は、山形から東京に転校し、英語の授業に困っていたが，田辺の方法で、英語の時間が楽しくなり厭でなくなったそうである。

この田辺新之助の暗記のやり方について、詳しいことは分からないが、暗唱だったことは間違いない。暗唱は単純な方法だから、英語が苦手な人に適している。暗唱は中学生のような柔軟な頭脳には、効果的な方法である。語学は、単純であり、楽しくあるべきだ。むつかしいこと、めんどうなことはやってはいけない。結局、学校における受験英語が英語嫌いを増殖させたのである。

坊主のトンチンカン

●日本のお寺は免税天国

日本では宗教法人には課税されない。すなわちお寺の収入の柱となる寄付金、喜捨金には課税されない。戒名料、おみくじ、お札、お守りの販売に関して、消費税は免税である。加えて、お寺の境内、墓地、霊園などの固定資産に対して、固定資産税は非課税対象である。ただし、お寺から支給される給料は課税される。

★非課税となる物品や事業は下記の通りである。
寄付金／喜捨／お賽銭／おみくじ／お札／お守り／お祓い／幼稚園や老人ホームの経営／神社での結婚式（挙式のみ）などである。

お寺にとって中心となる収入は無税である。

これに対して、
★課税対象になる物品や事業は下記の通りである。
ロウソク／線香／絵葉書／供花／暦／旅館業／駐車場の経営／神社での披露宴など。

いずれにしても、坊主には数多くの特典がある。筆者の近所に二つのお寺があるが、どちらも葬式仏教である。大きな葬式の時は、巨大なテントが何か所も設営されている。金儲けがありありと見えるお寺である。どちらの寺も地域にまったく密着していない。本堂を公開して地域のために活動する気などさらさらない。仏教が、尊敬されないのは、こういう不届きなお寺がいっぱいあるからである。こういう世俗臭い坊主を尊敬する気にはまったくならない。

昔は、散歩で通りかかると、お参りして、お賽銭を入れたものである。しかし、最近は、まったくお参りしない。神社も行かなくなった。堕落した坊主の金儲けにお賽銭で手を貸すつもりがないからだ。お寺や神社の実態を知ってからは、神社や仏閣に対する尊敬の念が薄れた。筆者は、四国生まれで、弘法大師空海を深く尊敬しているが、大師様は現在の仏教を見て、どう思っているだろう。

●お寺の坊主はほんとうに偉いのか……有名寺院の気楽な稼業

毎年、京都の清水寺において、一年を象徴する漢字を、坊さんが書くことが慣例になっている。毎年、書いている坊さんが、清水寺の森清範《もりせいはん》という貫主である。二〇一八年の漢字を「災」とした。このような偉い坊さんのことを猊下《げいか》という。すなわち清水寺のこの坊さんは、森清範猊下と呼ぶのである。

さて、筆者は、森猊下に申し訳ないが、坊主を偉いと思っていない。尊敬もしていない。むしろ軽蔑しているくらいである。坊主を尊敬しなくなったのは、先ほど述べた近所の坊主の振る舞いに疑問を持ったころからである。

そして、つらつら考えると、坊主が偉いという理由がまったく見つからないのである。坊主が偉い理由として、何年にもわたる苦しい修行に耐えたからだという。たしかに、坊主は荒行《あらぎょう》をしたり、早朝からお経を読み、仏教を勉強し、修行する。精進料理を食べ、俗世の縁を絶って修行する。しかし、それが坊主が偉いという理由にはならない。

なぜならば、お寺の修行なんぞ、人生の苦労に比べると屁のようなものである。人生における艱難辛苦《かんなんしんく》に比較すると、あまりにも気楽である。人生における苦労ほど苦しいものはない。死ぬほどの苦労もある。たとえば、零細な家業で、明日の社員の給料を払えず、資金繰りに駆け回り、夜も寝られず、呻吟《しんぎん》する。万策尽きて、自殺することすら考えることもある。実際に自殺することも起きる。夜逃げは当たり前である。一家心中もある。

気楽だと思われているサラリーマンだって、その苦労は並大抵ではない。雇われ者の宿命的な苦労である。これに比べたら坊主の苦労などたいしたことはない。そういう気楽な稼業を何十年もやってきた坊主のお説教に、どういう説得力があるというのだ。何もありはしない。

清水寺の猊下かなんかしらないが、豪華な衣装を着て、顔はつやつやとして栄養満点の顔をしている。人生の苦労など、全く知らない顔をしている。猊下という坊主に、大阪の釜ヶ崎や、東京山谷の日雇い労務者の苦労の何万分の一でもわかるのか。寒空に凍死の危険の中で野宿する労務者の苦労を知れといいたい。しかも、訳の分からないお経を詠《よ》んでいるが、人生において、どのような意味があるのか。自殺したいほどの悩みや苦しみの中で、お経はどのように人を救うのか。坊主は坊主自身の言葉で、救済の方法を教えてくれといいたい。

日本人よ、方向指示器(ウインカー)を早く出せ

最近のドライバーは、ウインカーを出すのが、遅すぎる。自分の車が、右へ曲がるのか、左なのか、ウインカーを出さない人も増えた。多くの車は、発車寸前か、動き出してから、ウインカーをだす。後ろに待機している車にとって、紛らわしく、一瞬、戸惑うのである。待機しているときから、ウインカーを点灯しておれば、安心して、後ろで待機していることができる。ウインカーは、自分のために点灯させるのではなく、他車のためである。他車に右か、左かを知らせるために点灯するのである。交通事故を防ぐためである。ウインカーを出さないで曲がると、当然、事故になる。道路交通法では、信号から三十メートル手前でウインカーを出すことになっている。ようするに、最近の方向指示器の出し遅れは、ジコチュー人間が増えたことを反映している。

日本の車は歩行者を見ても止まらない

十年ほど前、アメリカのワシントンに行った時のことである。アーリントン墓地をお参りして、アーリントンメモリアル橋を渡って、リンカーン記念堂に向かって歩いていた。リンカーン記念堂の近くまでくると、車がひっきりなしに通る道路にぶつかった。信号がなかったので、通過する車の間をすり抜けて、道路を横断するのは、「こりゃ一苦労だ」と思った。しかし、その瞬間、車が次々と停車した。道路から十メートル以上、手前だったのに、私の姿を見たとたんに、通過しようとした車が次々と停車したのである。あの瞬間、「日本敗れたり！」と思った。

日本では人を見ただけで車は絶対に停車しない。信号がなければ横断歩道でも、手を上げないと止まってくれない。何もしないでいると、車は人を無視してどんどん通過する。ある外国人が、「あれほど人にやさしい日本人なのに、なぜ車は止まってくれないのか」という投書をしていた。外国人から見ると、先進国であるはずの日本の交通マナーに違和感をもっているのである。たしかにアーリントンにおける人にやさしい車と、日本での違いに愕然とする。筆者は、「人を見たら車は止ろう」という運動を提唱したい。なぜ日本のドライバーは車を止めないのか。これは文化人類学の大きなテーマかもしれない。

日本人の記者会見のトンチンカン

日本人の記者会見と質疑応答は、あまりにも下手すぎる。下手だから、記者会見を避けて、さっさと席を立って逃げるように去ってゆくのが、お決まりのパターンである。唯一の例外が、元大阪市長の橋下徹である。記者を相手に、何時間でも、徹底的に応答する。あの姿勢・態度は見事である。日本ディベート研究協会会長として記者会見の模範として絶賛したい。

その反対のまずい会見が、二〇一九年一月十五日における、竹田恆和《たけだつねかず》日本オリンピック委員会会長の会見だった。竹田恆和会長は、七分間、一方的に声明を読み上げて、記者の質問を受けず、席を立った。記者会見とは、記者からの質問を受けることを前提とする。竹田恆和会長のやり方は、声明の発表会であって、記者会見ではない。当然、非難ごうごうとなった。

あの会見のやり方は、竹田恆和会長ひとりの判断だったのか、お付きの者の判断だったのかは知らない。しかし、竹田氏のような人には、しかるべきお付きがついているはずである。ゆえにお付きの人の判断だった可能性がある。しかし、こういうお付きの人間の判断は誤っている場合が多い。なぜならば、危険を避けるつもりが、もっと大きな危険に飛び込んでしまったからである。

●ディベート技術をマスターすべし

竹田恆和会長の息子は、テレビによく出ている竹田恒泰《たけだつねやす》である。彼は高校時代からディベートを経験している。だから父親の記者会見をサポートすべきだった。ディベートは、言葉の頂点に君臨する高度な技術である。ゆえに、ディベーターは、あらゆる言葉の技術をマスターしている。すなわち、演説、弁論、討論、議論、論争などすべてである。当然、記者会見などは、おちゃのこさいさいである。その例が橋下徹である。彼は日本を代表するディベーターであるから、記者会見などは、赤子の手をひねるごとくやりとげる。

ついでいうと、石原慎太郎と橋下徹が、日本の二大ディベーターである。どちらも記者会見など平気の平左である。意地悪い質問をした記者を逆襲して、徹底的にやっつける。橋下などは、何時間でも、会見をやるから恐れ入る。ある記者が質問した時、逆に橋下が徹底的に質問をやって追い詰めていた。この記者はかねてより、反橋下の質問をしていた人である。しかし、あれ以来、めったなことで質問できなくなったはずである。記者に舐められないためには、徹底的にディベートすることである。意地悪い記者は、完膚なきまでに叩いておくことである。ケツの青い質問をすると、大やけどを負うぞ、と教える。

●記者会見の三つの方法

第一は、すでに述べたように、ディベートである。ディベート技術とディベート精神を発揮して、徹底的にやる方法である。橋下徹のやり方である。

第二は、ひたすら謝罪することである。これは会見という名の謝罪の儀式である。ただひたすら頭をさげて、嵐の通りすぎるのを待つのである。絶対に、言い訳や論争や議論をしてはならない。何を言われても、ただひたすら頭を下げ続ける。この徹底が出来ない人が多すぎる。

たしかに、過去の会見を見ていると、多くの場合、中途半端である。ディベートなのか、ひたすら謝罪なのか、はっきりと戦術を使い分けをしなければならない。

ここで戦略として第三の方法がある。

すなわち会見を行わず、ひたすら時を待つ方法である。竹田恆和の場合、買収疑惑の段階だから、会見をしないという方法があった。一切、語らず、時間を待つ方法である。人の噂も七十五日である。

悪い例だが、日大総長の田中英壽のだんまりがある。一切、顔も見せず、語らず、完全な沈黙である。しかし、田中の場合は日大を辞めないかぎり、追及は終わらないので、彼のだんまりは、いずれ失敗する。竹田氏の場合、辞任を表明したので追及は終了した。

第八章

村上春樹のトンチンカン

村上春樹は黴のはえたリベラル左翼だ

●ドナルド・キーンは村上春樹を評価しなかった

筆者は、村上春樹がさっぱり理解できない。というよりも、作品を読んでも、まったくおもしろくなかった。有名な『ノルウェーの森』を読み始めたが、すぐに止めた。読むことが退屈になり、そして苦痛になったからである。普通、おもしろい小説は、最初のページからぐんぐんと引き込まれ、我を忘れ、時間を忘れて没入するものである。しかし、村上春樹の小説には、まったく引き込むものがなかった。

筆者は、小説に関して、好き嫌いで読まない。えこひいきもしない。面白いかどうかである。無名の人でもぐんぐん引き込む小説を高く評価する。筆者は、山本周五郎や、池波正太郎や、藤沢周平が好きで数多くの作品を読んだ。理由はおもしろいからである。山本周五郎こそ、日本を代表する小説家で、海外の人にもっと高く評価してもらいたいと思っている。女性の高田郁もすばらしい。『みをつくし料理帖』や『銀二貫』も傑作である。

最近、亡くなったドナルド・キーンは、村上春樹について聞かれた時、「興味がない」の一言だった。アメリカ文学の影響が強いからだそうだ。キーンに言わせると、村上春樹は日本文学ではないということだろう。ドナルド・キーンは、日本のすべてを愛していた。すなわち、筋金入りの保守であると筆者は思う。村上春樹のようなアメリカかぶれの「リベラルもどき」を評価しなかったのではないか。

キーンは、戦争中、数多くの日本兵の日記を読み、日本兵の真面目さ、律義さ、人間的な心を持ち、そして日本兵こそ平和的であることを知っていたのである。アメリカ兵こそ好戦的である。だから表面的な反戦平和を説く村上春樹のような人間を信用していなかったのだろうと思う。戦争は、戦争のない世界で生きているあなたのような人間には、絶対に分からないと、戦争体験者のキーンは知っていたのだろう。

参考までにドナルド・キーンの著書について述べておこう。英文対訳のテキストとして『日本との出会い・全四巻』（学生社）がある。日本語の文献としては、『わたしの日本語修行』（白水社）、『ドナルド・キーン自伝』（中公文庫）、『果てしなく美しい日本』（講談社学術文庫）などがある。

●紋切り型の陳腐な歴史観

平成三十一年二月二十三日、村上春樹がパリで読者との交流会に参加した。その時の発言に違和感をもった。二月二十五付朝日新聞第三十面によると、第二次世界大戦について問われて村上はこう語ったそうだ。

①「日本でも歴史の作りかえが起きている。自分の都合いい事だけを歴史に残そうとすることはどの国でもあるけど、対抗してつぶしていかないといけない」

②「正しい歴史を伝えるのが僕の世代の生き方だと思う。今インターネットでは誤った歴史認識が教えられている。とても危険なことだ」(傍点筆者)

①について、「歴史の作りかえ」とは何だ。歴史とはたった一度しかないもので、作りかえなどできない。レトリックや修飾語として許されるが、歴史の作り替えは不可能である。いかにも小説家が使いそうな言葉である。歴史家は決して使わないだろう。

続いて、「対抗して潰す」とは何だ。歴史観は人の数ほどある。村上は自分の歴史観を押し付け、他人の歴史観を潰すと言うのである。これこそ非常に危険である。

②について、「正しい歴史」とは何だ。正しい歴史というものがあるのか。村上は自分の歴史観は正しく、他の人の歴史観は間違っているという前提である。傲慢である。同じく、「インターネットの歴史認識は誤っている」、と言っているが、これも傲慢である。

村上春樹のような人物が、歴史観には正しい歴史観と誤った歴史観があると思っている。歴史観には、正しい歴史観も、間違っている歴史観もない。善悪もない。歴史観に価値判断をもちこんではならない。歴史に対する姿勢態度は「事実」の見極めである。事実を見るように心がけることである。それでもなお、歴史の事実を見るのはむつかしい。

坂本龍一は陳腐な反戦平和主義者だ

●紋切型の反戦左翼

坂本龍一というと、左翼リベラルというイメージが、最初に思い浮かぶ。反権力であり、自民党政権を批判する。もちろん反原発である。まさに絵にかいたような反戦リベラル人間である。

しかし、筆者は、左翼リベラルというのは、あまりも紋切り型で、ステレオタイプで、手垢のついた、古臭い思想であると思っている。筆者は、学生時代、御多分にもれずマルクスにかぶれ、正義感ぶって反戦リベラルを気取っていた。デモにも行った。学校の構内にバスが待機し、それに乗り込んで出発するのである。バスに乗り込むと、主催者からすぐにカンパの要請があり、なにがしかのお金を出した。その時は大阪から神戸にでかけた。アメリカの神戸領事館包囲デモという名称だった。神戸につくと、すぐに隊列を組んで、デモに出発した。警官隊がサンドイッチのように両側からデモ隊を挟み込み、身動きできないようにした。それでも警官隊と衝突し、学生と警察は大もめにもめた。

しかし、その後、学生運動家たちがプロのデモ屋のように思え、違和感をもち、次第にデモにも参加しなくなった。最初は、正義感で参加していたが、何か物足りなくなり、デモにも飽きたのである。現実と理想のギャップが大きすぎた。左翼リベラルにかぶれたり、デモに参加するのは、私のような四国の田舎者には、はしかと同じであった。一度はかかる病気である。大人になる前の子供のようなものである。そういう意味では、いい歳をして、いつまでも反戦リベラルを気取る坂本龍一は、大人になりきっていないガキだと思った。

●坂本龍一の幼稚な発想

この坂本龍一が、平成三十一年新春の一月九日、朝日新聞のインタビュー記事に次のように語っていた。この男、作曲家として有名だが、あまりにも議論が幼稚である。論理的思考力が決定的に欠落している。根本的に地頭が悪い。

「沖縄との出会いは高校生のころ……日本とは異なる独自の文化圏があって面白いなと思ったんです」

沖縄問題に取り組む左翼リベラルは、ことさらに沖縄を日本と違う文化、民族、伝統と強調したがるが、沖縄県民は縄文人の遺伝子をつぐれっきとした日本民族である。当然、文化も日本文化である。南の土地だから南国の風土である。寒い東京や東北とは違う。これをもって、独自の文化などという坂本龍一の目は濁っていて、ものごとを正しく見えないらしい。

「東日本大震災の被災地を訪ねてきましたが、その中で、原発と米軍基地は別の問題ではないと考えるようになりました」

原発と沖縄の米軍基地は、まったく関係ない。ことさらに関係づけようとするのは、屁理屈であり詭弁である。何でも反日にこじつける韓国人の発想とそっくり同じである。

「そんなに原発と基地が必要だというなら、東京に造ってはどうでしょう。それでも国家は田舎の方に押し付けようとする。臭いものは遠くにという発想が根底にあると思うのです」

この男、アホとちゃうか。東京に原発などつくれるか。地価が高くて作れるところがあるか。

だいいちそんな土地があるか。田舎の安い土地だから、立地するのである。経済原則も分からぬバカである。米軍基地も同じ。沖縄という日本およびアジアの要として、軍事的、戦略的な土地だから立地しているのである。

●坂本龍一よ、論理的に語れ

「自然を守りたいとか、自分の土地や生活を守りたいという人には抵抗する権利があります。しかし国家はいつの時代も、お金と暴力でそれを抑圧してきました。まさに、今、沖縄で行われていることです」

坂本龍一よ、国家がいつ個人の土地や生活を抑圧してきたのか、そのエビデンス（証拠）を見せろ。いつの時代とはいつのことだ。こういう一般論を言っても説得力はまったくない。日本国家が、沖縄をお金と暴力で抑圧してきたというエビデンスを見せろ。

その他、アメリカのジョージ・クルーニーが人権問題で抗議活動をして、逮捕されたと称賛している。アメリカでは芸能人やスポーツ選手が政治的な発言することが当たり前ですと坂本は言っているがほんとうなのか。わずかジョージ・クルーニーの一例をもって、一般化するとはこの男には論理的思考力がない。政治的な発言を嫌う人も多いはずである。アメリカ一国をとらえて一般化するのは公平を欠く。ヨーロッパはどうなのだ。スペインは、イタリアは、フランスは、ドイツは、オランダは、スウェーデンは、ノルウェーは、東欧は、ロシアは、アフリカは、アジアは……どうなんだ。坂本龍一よ、世界中を調べたのか。

●坂本龍一よ、トランプはすばらしい男だ

「世界ではいま、声がデカい人の意向が通るという政治が横行しています」

声がデカイとは何だ。具体的に誰のことだ。こういう一般論を振りかざして、危機をあおる坂本龍一こそ、アジテーターである。

「反対する者とまともに議論しようとしない日本政府の姿勢は、トランプ大統領のマネをしているのでしょう。たがが外れていますね」

日本は議会制民主主義国家である。国会において議論が行われている。日本政府が議論しないという証拠をみせろ。議論しないのは共産党の一党独裁国家の中国である。トランプ大統領は、一年間の大統領選挙を通じて選ばれた大統領である。世界の民主主義国家の中心であるア

メリカの指導者である。トランプに対する反論は、論理的科学的な調査に基づいて行え。感情的、情緒的な言動を吐く坂本龍一という人間こそタガが外れている。

写真家・立木義浩という偽善者

立木は写真家としては結構有名である。ただし、古い世代には、という限定つきである。今の若い人には、それほど知られていないだろう。昭和十二年生まれの八十二歳だから完全なジジイである。立木は、長年、有名女優やタレントを撮影してきたことで有名である。数年前には、共産党の志位和夫《しいかずお》委員長を撮影して話題になった。

実は、筆者は立木とは少なからず縁がある。というのも、立木は徳島市出身であって筆者と同郷である。家も近い。立木写真館というのは徳島では有名で、ほとんどの人が立木で記念写真を撮ったものである。とくに結婚式の写真は立木写真館がご用達である。立木義浩には弟がいる。筆者と同級生だった。兄貴の立木義浩も、小学校、中学校、高校と、筆者の先輩になる。

しかし、筆者は立木義浩に対しては大変悪い印象を持っている。一言でいうと慇懃無礼で、傲慢無礼な奴である。この男は、有名人に対しては、ヘイコラともみ手で、写真を撮らせてもらってメシを食ってきた。だから必然的に、一般庶民に対しては、まったく関心がない。洟《はな》もひっかけない。一般庶民の写真を撮っても、金にもならないし、おのれを有名にしないと思っているからだろう。それよりも有名人を追っかけるのが商売になる。これが、この手のエセ写真家の本性である。汚い根性である。

●立木よ、テメエは何様のつもりだ

名優津川雅彦さんが主催する勉強会に「探美会」という研究会があった。映画やテレビでみる有名な俳優や女優がいつも出席していた。たとえば、俳優の山本學さんは、「探美会」を津川さんと共宰し、いつも最前列で座っていた。女優では若村麻由美などがいた。

ある。ゲストスピーカーも一流のゲストだった。黒柳徹子がいた。筆者も津川先生との縁で、しばしば出席した。津川先生亡き後、大変なつかしい勉強会であった。

ある時、出席すると、立木義浩と同じ席になった。立木は有名な男だから、筆者はよく知っていたが、当然、立木は私のことなど知らない。しかし、筆者の学校の先輩だから、敬意を表して挨拶したが、うなずいただけである。というより、カメラを抱えて、場内の有名人を写すことだけに関心があって、筆者のような人間には、全く興味も関心もないという感じだった。

この男にとっては、被写体としての有名人にのみ関心があって、その他は無視する存在である。立木は、その時の研究会には、最後までいなかった。いつの間にか姿がなかった。

●立木よ、ひたいに汗する庶民を撮れ

後日、立木に手紙を出した。同郷であり、有名な写真家の立木に会えて光栄でしたと書いた。返事はなかった。研究会での立ち居振る舞いから、返事は期待していなかったが、予想した通りである。この手の男は、返事など書かないものである。なぜか。結局、人間として二流三流であるからだ。長年の経験でいうと、一流人間は、こういう場合、相手がどんな人であろうと、無名の人であろうと、きちんと返事を返すものである。それが人間としての礼節である。

山本學さんが一流の見本である。山本學さんには、津川さんの縁で知り合って、御礼の手紙を出すとすぐに返事をくれた。その後、今にいたるも年賀状や手紙のやり取りが続いている。やはり一流の俳優である。

筆者は、立木のようなこの手の人間を心から軽蔑する。もちろん付き合いたくもない。同郷の先輩だから、一応、敬意を表しただけで、はなからこんな男とは接したくもなかった。こいつは自分を何様だと思っているのか。ちょっと写真家として有名だからといって、立木にどんな価値があるのか。有名人のケツを追っかけているだけのゲス野郎である。無名の人間を撮ってこそ一流の写真家である。

また立木義浩は、共産党の志位和夫を撮ったことが話題になった。しかし、あれは売名行為

以外のなにものでもない。極めつけの無節操男である。筆者が写真家ならば、死んでも撮らない。共産党が戦前・戦後の日本の歴史の中で果たした売国の行動をみただけで、立木という奴が、いかに人間の屑であるかを証明している。共産党は、終戦直後、暴力テロによる革命を起こそうとした。その後は、安保条約を含めて、反政府というより、反日運動ばかりをやってきた。立木という男は、マルクスレーニン主義が犯した巨大な犯罪の共犯者であるといってもいい。女優のケツばかりを追っかけるのではなく、思想と哲学のある写真家になれと言いたい。

ゾゾタウンの前澤友作のトンチンカン

前澤友作は株式会社ZOZOの社長である。インターネット通販で急成長してきた。前澤社長は、宇宙旅行や、女優の剛力彩芽との交際や、一億円のクジなどで、話題を提供している人物である。今までは順調に成長してきた。事業家としての才能はある。しかし今後はわからない。

その最大の理由は、才気があるばかりに、いろんなことに手を出しすぎている。とくに芸人との浮名はいけない。本田宗一郎や松下幸之助や井深大《いぶかまさる》や稲盛和夫や永守重信などの偉大な経営者を見習うといい。彼らは女優やタレントなど歯牙《しが》にもひっかけなかった。モノづくりに生きている人間と女優などという浮き草とは対極にある存在である。思考の片隅にもなかっただろう。部下とともに、ものづくりに辛酸をなめている時、タレントなど頭の隅にも浮かばないものである。前澤友作はあまりにも軽い。経営者として経験不足であり、苦労が足りない。

前澤はまだ四十三歳である。ケツが青い。本田宗一郎が創業したのは四十歳である。今後は事業一筋で職人に徹することである。とくに芸能人との交際は絶対にやめておけ。芸能界は華やかだから、前澤のような成り上がりで、劣等感を持っている人間は、劣等感を払拭しようと、その世界にのめりこむ。

芸能界のような浮き草と企業経営は世界が違う。だいいち社長が芸能界にうつつをぬかすと、それを見ている社員はやる気をなくす。社員にも派手な浮き草のような精神が生まれる。芸能界とビジネス界は根本的に思想と哲学が異なる。芸能界は個人の世界であるが、ビジネス界はチームワークの世界である。チームで戦うスポーツのようなものである。俳優や歌手を見ればわかる通り、彼らは個人の才能で生きている。個人の才能や才覚がすべてである。高倉健は高倉健であって、誰も代替えはできない。唯一無二の存在である。本田宗一郎や、松下幸之助や、井深大には、一緒に戦う数百、数千、数万の社員がいた。

●君は飛田という街を知っているか

前澤友作が、芸能人の剛力彩芽にうつつを抜かしていることで、思い当たることがある。男というものは、女が絡んだ華やかな世界にあこがれるものである。そして、のめりこむものである。それが芸能界であり、銀座であり、そして飛田《とびた》である。

ここで飛田という言葉が出たので解説しよう。大阪の大人の男なら、飛田といえば、どういう場所であるか、何をするところか、知らない者はいないだろう。ずばりいうと旧遊郭である。昔の赤線地帯である。昭和三十一年の売春防止法で、日本全国の遊郭は全滅したはずであるが、どっこい生きているのである。その代表が大阪の飛田である。東京でいえば吉原である。ただし吉原はソープランドの街となり遊郭の面影はない。

飛田が特別なのは、吉原と違って、今も、約一六〇軒もの遊郭が堂々と営業していることである。表向きは料亭街となっているが、まぎれもなく遊郭である。これは全国的に見ても、まことに稀有な存在である。大学時代を大阪で過ごした筆者は、当然、よく知っている。あの華やかさは、現代の竜宮城であり、アンビリーバボーな非日常の世界である。

●飛田は大阪が誇る文化である

昭和三十一年の絶滅の危機から、飛田という文化財を守ってきた大阪人は偉大である。橋下徹元大阪市長は、飛田の料亭を統括する料理組合の顧問弁護士だった。ユーチューブでみると、新聞記者が、当時市長だった橋下徹の従軍慰安婦に関する発言にからんで、飛田を容認している橋下を非難した。しかし橋下は、その記者の浅薄な認識を言下に一蹴した。飛田を知らぬ一知半解の新聞記者に何が分かるかと、筆者は橋下に拍手喝采した。橋下は、飛田の歴史と伝統とその深い意味をよく知っている。百年を超える歴史をもつ飛田は、大阪が誇る文化遺産、否、現在も生きている大切な文化資産である。

筆者は、飛田の存在や、その意味を熟知しているが、知らない人は、一度、見学した方がいい。たぶん「ウーン」と考え込むだろう。筆者の友人の公認会計士は、タクシーで飛田を一周し、ありえない非日常の光景を見て衝撃を受け、語る言葉がなかったと、私に話してくれた。文化とは、神社仏閣や、俳句・和歌、絵画・彫刻などの芸術から、飛田のようなものまで、計り知れないほど奥が深いのである。

飛田を色メガネで見ている人は、①杉坂圭介『飛田で生きる』『飛田の子』（共に徳間文庫）、②井上理津子『さいごの色街　飛田』（新潮文庫）などを一読することをおすすめしたい。そうすると、ぜひとも、見たいと思うようになるだろう。飛田は遊郭ではなく文化財なのである。

第九章

左翼偏向の日弁連のトンチンカン

日本弁護士連合会(日弁連)は反日左翼である

日弁連とは、極めつけの反日団体である。以下の日弁連の声明を見ればわかる通り、これが日本の団体か、まして弁護士の団体とは信じられないような反日的な活動をしてきた。まさに売国奴としか表現しようがない団体である。売国奴という言葉は、最近は死語になっているが、日弁連だけには、今もなお生きている言葉として使いたい。

過去の日弁連の声明は左記の通りである。一つ一つ見ても、驚くべき反日、売国の言動である。日弁連の中には、相当な反日分子がいることは間違いない。そうしないと、こんな言動は不可能である。左翼人士、朝鮮人、中国人など、日本を貶《おとし》めることに血道をあげている連中である。

1. 君が代斉唱時の不起立の自由を主張し、国旗国歌法を無視している。
2. 慰安婦問題に関する反日活動。

韓国の市民団体と連携して国連へ朝鮮人「強制連行」問題と「従軍慰安婦」問題を国連人権委員会に提起し、「日本軍従軍慰安婦」を「性奴隷」として国際社会が認識するようロビー活動を展開し、「クマラスワミ報告」を作成させた。

3. 死刑廃止を推進。
4. 選択的夫婦別姓制度導入を推進。
5. オスプレイ配備の中止等を求めている。
6. 朝鮮学校の無償化を求めている。
7. 集団的自衛権の行使容認に反対決議。
8. 「少年法」成人年齢引き下げに反対。
9. ヘイトスピーチ規制法を求め意見書を発表。
10. 組織として初めて死刑廃止を宣言。
11. テロ等準備罪の改正組織犯罪処罰法に反対する会長声明。
12. 人種差別撤廃委員会の総括所見に対する会長声明。
　在日コリアンの地方参政権・公務就任権・朝鮮学校に対する高校無償化制度からの排除を問題視。
13. 平成三十年（二〇一八年）十二月二十七日、日弁連は、死刑執行に強く抗議し、直ちに死刑執行を停止し、二〇二〇年までに死刑制度の廃止を目指すことを求める会長声明を発表した。

以上、普通の常識ある日本人からみると、異常に偏っている団体である。政府のすることに対して、何でも反対である。昔の社会党のようであるが、実は社会党の生ける化石である。社会党は滅んだが、その思想は、日弁連という組織に、しっかりと継承されているのである。日弁連は、政府というものを全く信用していない。

しかし、筆者も、普通の庶民も、日本政府を信用している。中国や韓国やロシアなどに比べると、まことに良い政府である。国民を虐殺したり、利権・特権で金儲けをしたり、理由もなく刑務所に放り込んだりしない。政治家に小悪はいても巨悪はいない。官僚は真面目である。国民は政府の鏡であり、政府は国民の鏡である。実直で真面目という性質を互いに反映している。これが、和をもって尊しとなすの聖徳太子から、一千年、天皇陛下という象徴のもと、クソ真面目に生きてきた日本民族である。

弁護士とは鬼畜を弁護する鬼畜である

世間では、弁護士は高級な職業と思われているが、筆者は人間の屑の職業だと思っている。理由は、ただ一つ、鬼畜のごとき殺人鬼や強姦放火魔を弁護するからである。法治国家では、罪を犯した人間には、弁護士が法廷で弁護することになっている。民主主義国家の制度であり、筆者も理解している。しかし、論理と感情は違うのである。

いたいけな少女が鬼畜のような男によって、強姦され殺された時、こんな鬼畜を弁護する弁護士を、少女の両親は、犯人ともども、絶対に許さないだろう。これが人情というものである。だから、現実では不可能であるから、映画の上では、藤田まこと演じる必殺仕事人が喝采を浴びるのである。人生は論理だけではない。感情という大きな世界もある。さらにいうと、筆者のような在野の評論家から見ると、テレビに出て、エリート然として、上から目線でしゃべる弁護士が、鼻持ちならぬのである。

●アメリカでも人気の悪を対峙する闇の仕事人

アメリカ映画にも、同じような仕事人が出て悪を成敗する映画がたくさんある。アメリカ映画の方が多いかもしれない。たとえば、黒人の名優デンゼル・ワシントン主演の『イコライザー』という映画がある。元ＣＩＡ工作員のデンゼル・ワシントンが、少女を暴行したマフィアを訪問し、たった十九秒間で、五人全員を殺害する。イコライズというのは平等にするという意味である。ザーが付いているので平等人、すなわち悪を許さないという意味であろう。興行収入も多く、続編の『イコライザー2』も、大ヒットしている。

あるいは、人気俳優のニコラス・ケイジが演じた映画『ヴェンジェンス』では、ケイジが演じる警官が、四人の強姦魔を、次々と成敗した。ヴェンジェンスとは復讐という意味である。ケイジが四人の強姦魔を逮捕したのに、やり手の弁護士が法廷で詭弁のような弁論でもって、四人を無罪放免にした。この四人は、強姦された女性の家まで押しかけて脅迫した。それを見たケイジが、この四人を成敗したのである。

日本でも、アメリカでも、闇の必殺仕事人は大変な人気がある。その理由は、単純である。人間というものは、タテマエとしての法律の裁きだけでは、満足できず、また納得できないから、闇の仕事人に期待するのである。これは人間の自然の感情である。

結局、弁護士という者は、強姦殺人鬼を弁護する人間である。アメリカのような法治国家として、当然、その存在を認めているが、心の中では認めていない。軽蔑している可能性が高い。それが映画に描かれているのである。

日本では、必殺仕事人の後が途絶えているが、アメリカでは、次々と同じような仕掛け人の映画がつくられている。キアヌ・リーヴス主演の『ジョン・ウィック』は、主人公は警官ではなく、闇の仕事人として、復讐を行う映画である。アメリカでも、闇の仕掛け人は人気があるのである。

日本では弁護士はかっこよいということになっているが、アメリカでは汚い仕事という面もあるのだろう。映画『ヴェンジェンス』では、強姦魔を無罪にしたやり手の弁護士が登場する。

映画の中でもタテマエとして、その存在を認めているが、映画監督は、その弁護士を軽蔑すべき職業として描き、主人公のニコラス・ケイジも、弁護士と対面し、内心の軽蔑をさりげなく表している。

●ヤメ検のトンチンカン……恥知らずな職業

弁護士の中でも、極めつけの恥知らずな人間がヤメ検である。昨日まで検事として、犯人を責め立てていた人間が、今日は弁護側に変身するのである。正常な神経をもっている人間ならばできる職業ではない。あるいは良心があれば絶対にやらない。筆者は、何度生まれ変わっても、ヤメ検弁護士にだけはなりたくない。子孫にはヤメ検弁護士だけにはなるなと家訓として残したい。

普通の神経を持っている人間ならば絶対にやらない仕事を、なぜ、やるのか。その理由を考えてみた。すなわち、ヤメ検が弁護士となる深層心理には、エリート意識がある。選民意識である。そこらの庶民である、ハっつあん、クマさんではない。自分たちは、選ばれて天下国家のために法曹人《ほうそう》となったのである。迷える羊たる国民を導くのは自分たちであり、ほかの者ではないという意識である。

例えば、大鶴基成《おおつるもとなり》というヤメ検がいる。カルロス・ゴーンが逮捕されたのち、二〇一八年十一月二十二日、彼の弁護士となって注目をあびた。しかし、二〇一九年二月十三日、三カ月もたたないうちに辞任した。後任は弘中惇一郎《ひろなかじゅんいちろう》である。この人はヤメ検ではなく、弁護士一筋の人である。

大鶴弁護士の経歴などを調べると、有名な事件では次のような事件を担当している。

①ライブドア事件……堀江貴文の逮捕（東京地検特捜部長時代）
②陸山会事件……小沢一郎の秘書の逮捕（東京地検次席検事時代）

①ライブドア事件は、当時、時代の寵児《ちょうじ》だったホリエモンを逮捕した事件である。これは明らかに見せしめの逮捕である。検察というお上が、上から目線で、庶民に対してお灸をすえてやろうという魂胆だった。権力を笠に着た検察の横暴である。

堀江貴文が、何をしたというのだろうか。ホリエモンは巨悪なのか、否、断じて巨悪ではない。前途有望なるベンチャー精神を持った起業家だった。ホリエモンが逮捕された日は、検察の横暴によって、日本におけるベンチャー精神、起業家精神がつぶされた暗黒の日である。

起業家という者は、破天荒《はてんこう》な精神を持っている人間である。かつての起業家、本田宗一郎は破天荒な人物だった。終戦後の動乱の時代だから、彼の破天荒を応援こそすれ、足を引っ張るものはいなかった。今は国家権力が起業家の足を引っ張り、破滅させるのである。しかもホリエモンに対する感情には庶民の成功者に対する嫉妬があった。その嫉妬に便乗した検察の嫉妬がホリエモンを逮捕させたのである。成功者に対する庶民の意地汚い嫉妬である。嫉妬ほど醜いものはない。

②陸山会事件は政治的な事件である。これも当時、飛ぶ鳥を落とすほど、力のあった小沢一郎への狙い撃ちであった。特捜部は、時代の寵児や権力者を、正義の月光仮面づらをして逮捕するのである。政治家という権力者に対して、俺たちの方がもっと権力者だということを誇示しているのである。

特捜部のトンチンカン

●長期拘留のトンチンカン

正義の仮面を気取る「特捜部」という権力者集団のトンチンカンを批判したい。
マスコミが報道する「特捜部」には次の三つの組織がある。

第一．東京地検特捜部（東京地方検察庁特別捜査部）
第二．大阪地検特捜部（大阪地方検察庁特別捜査部）
第三．名古屋地検特捜部（名古屋地方検察庁特別捜査部）

特捜部とは国家的な大きな事件を扱う組織である。法曹界におけるエリート組織の代表である。巨大な権力をもっている。人の生命や人生を左右するような力をもっている。ゆえに、権力の行使を間違えたり、スタンドプレーをすると、村木厚子さんのような誤認逮捕が起きる。権力を誇示するあまりの行き過ぎた捜査である。

筆者がもっとも疑問に思っているのは、逮捕した人間を長期間拘留することである。人間は、裁判において有罪が確定するまでは「無罪」と見なされるのである。これが近代デモクラシー裁判の鉄則である。しかるに、以下の例に見るように、逮捕しておいて、驚くほど長期間勾留するのである。あたかも有罪が確定した犯人のごとく「監獄」に閉じ込めるのである。これはおかしいのではないか。まさに人権無視である。

佐藤優　勾留五一二日　二〇〇二年五月十四日逮捕―二〇〇三年十月八日保釈

鈴木宗男　勾留四三七日　二〇〇二年六月十九日逮捕―二〇〇三年八月二十九日保釈

堀江貴文　勾留　九四日　二〇〇六年一月二十三日逮捕―二〇〇六年四月二十七日保釈

二〇一一年四月二十日裁判にて二年六カ月の有罪確定。六月二十日東京拘置所へ収監、その後長野刑務所に一年九カ月収監、二〇一三年三月二十七日仮釈放。十一月十日刑期満了

村木厚子　勾留一六四日　二〇〇九年六月十四日逮捕―二〇〇九年十一月二十四日保釈

●国策捜査の恐怖

筆者は、これらの長期拘留について疑問だったので、以下のような各氏の文献を読んでみた。佐藤優『国家の罠』『獄中記』、鈴木宗男『汚名』『ムネオの遺言』、堀江貴文『徹底抗戦』『我が闘争』、村木厚子『私は負けない』。

佐藤優や鈴木宗男や堀江貴文の事件は国策捜査であった。国策捜査というのは、国家権力にとって困るという人物にターゲットを絞って事件にするのである。いったん特捜部ににらまれると、恐ろしい結果になる。自白するまで長期間監獄に閉じ込めるのである。

鈴木宗男と佐藤優は、外務省にとって困る人間として、いけにえになったのである。日本外

交の外に放り出したのである。堀江貴文の事件は、成功し浮かれている人間を見せしめとして逮捕した事件である。検察という国家権力が、ホリエモンを逮捕して、大衆に浮かれるなと警告したのである。まさに検察の横暴であり暴走である。検察という権力は、お前たち大衆をいつでも、堀の中に放り込むことができるぞ、分限をわきまえろという警告である。日本は民主主義国家である。旧ソ連や旧東ドイツや北朝鮮や中国ではない。民主主義という衣をまとった国家権力の暴走である。

●わては高知の厚子じゃき、なめたらいかんぜよ

村木厚子さんの事件は、冤罪であった。これはひどいものである。無実の人間を逮捕して、百六十四日も監獄に閉じ込めたのである。これは検察という国家権力の暴走である。民主主義の現代において、こういうことが起きるとは、フーテンの寅さんの啖呵売《たんかばい》のセリフを借りると、驚き、桃ノ木、山椒の木、ブリキに、タヌキに、蓄音機である。

村木厚子さんは、土佐高校から高知大学を卒業した生粋の土佐人である。お隣の徳島県に生まれた筆者は、百六十四日間の拘留に耐えた土佐人の村木さんの精神力を讃えたい。男ならば、ガンコな土佐人のことを「いごっそう」という。村木さんは「女いごっそう」である。ここで、夏目雅子が演じた映画『鬼龍院花子の生涯』のセリフを思い出した。高知の作家宮尾登美子の

作品である。夏目雅子が演じる松恵が、男達に対して、「わては高知の侠客《きょうかく》、鬼龍院政五郎、鬼政の娘じゃき、なめたらいかんぜよ！」と凄んだ名場面である。村木厚子さんは、物静かな人であるが、「わては高知の厚子じゃき、なめたらいかんぜよ」と、内心、思っていたかもしれない。

●カルロス・ゴーンの保釈

日産＆ルノーの総帥カルロス・ゴーンが逮捕された。金融商品取引法違反（有価証券報告書の虚偽記載）と特別背任の罪である。しかし、筆者は、過大な報酬や会社の私物化について、最初は同情してなかった。しかし、勾留が長くなるにつれて、たまたま本書の原稿を書くにあたって、鈴木宗男や、佐藤優や、堀江貴文や、村木厚子のことについて調べていたので、大変疑問を持つようになった。カルロス・ゴーンも、この原稿を書いている段階で、百日を超える勾留が続いている。当初は、奢れる者久しからずだ、平家物語だと思い、やむを得ないと考えていた。しかし百日を超えるとちょっと待てよと思うようになった。

また偶然、日本経済新聞二〇一九年三月五日の第六面において、カルロス・ゴーンの拘留に絡めて、「人質司法改めるべきは」という特集を組んでいた。その中で、小西美術工芸社長で日本の文化や制度に詳しいデービッド・アトキンソンや、元福岡高裁長官の中山隆夫や、一橋大学教授の王雲海《おううんかい》などが、長期拘留に批判的な論陣を張っていた。人権への配慮不足、長期拘留の問題、自白の強要、弁護士の同席を認めないこと、などなどを各識者が批判している。

たしかに、疑わしきは無罪である。なぜ長期間勾留するかの理由が不明である。証拠隠滅の恐れもない、逃亡の恐れもない。検察は自白を強要するために長期拘留しているようである。それは検察側が十分な証拠に基づいて逮捕していないからである。自白を有力な証拠としている日本の司法の問題である。日本は、まだまだ司法の後進国ではないか。これらのことについては、小室直樹先生の不朽の名著『痛快憲法学』(集英社インターナショナル)を読むことをおすすめしたい。

ここで念のために言っておくと、たしかに長期拘留は人権侵害の可能性がある。しかし、カルロス・ゴーンの行為は、日本人の認識として、あるいは日本の伝統文化として、大いに問題がある。なぜならば、日本の経営者は、ゴーンのような振る舞いはしないからである。すなわち、公私混同や、会社の私物化は、日本人が最も嫌う行為である。

日本のリーダーは、天皇陛下が体現しているような「公平無私」の精神を持った人間を理想としている。たとえば、創業者でありながら会社を私物化しなかった本田宗一郎であり、会社を社会の公器と考えた松下幸之助であり、メザシを食して清貧を貫いた土光敏夫《どこうとしお》である。そこにあるものは、公平無私、質素倹約、清貧である。会社を私物化し、会社の金で豪華ヨットを買い、会社のジェット機を自分専用の私物のごとく使ったカルロス・ゴーンとは、天と地ほど違う。

刑のディスカウント……裁判官はディスカウント店か

筆者は、かねがね、凶悪事件における検察側の求刑と、裁判官の判決の差に疑問をもっていた。たとえば、ここ数年の凶悪事件の求刑と判決を見てみよう。

①小金井ストーカー殺人未遂事件（二〇一六年五月二十一日）
求刑十七年　↓　判決十四年六カ月

②ベトナム少女殺人事件（二〇一七年三月二十四日）
求刑死刑　↓　判決無期懲役

③東名あおり夫婦死亡事件（二〇一七年六月五日）
求刑二十三年　↓　判決十八年

④河瀬駅前交番警官射殺事件（二〇一八年四月十一日）
求刑二十五年　↓　判決二十二年

⑤ＪＲ東日本連続放火事件（二〇一五年八月から九月の連続放火事件）
求刑　七年　↓判決四年

ざっくり言うと、判決はすべて求刑よりも少ない。すなわちディスカウントされている。裁判官は検察の量刑を値切るのが仕事かと言いたくなる。裁判所はディスカウント店やスーパーではないぞと言いたい。元の求刑よりもディスカウントされた判決では、被害者と遺族の恨みは晴れない。遺族は、検察の求刑さえも、物足りないと思っているくらいである。多くの殺人事件の裁判では、遺族は犯人に死刑を望んでいる。

裁判官の判決は、申し合わせたように、三年から五年のディスカウントである。裁判官に聞きたい。このディスカウントの根拠は何だ。三年から五年量刑を軽くする意味は何なのだ。どのような理由でディスカウントするのだ。こうなると、検察は最初から多めに求刑し、裁判官はディスカウントするという慣例ができているのかと勘繰りたくなる。逆に、検事の求刑よりも刑をどんと増やす裁判官はいないのかと言いたい。遺族は拍手喝采して大喜びするだろう。

★閑話休題……弁護士が威張る日本社会は異常である★

日本の弁護士の何が問題かというと、能力の割に社会的な地位が高すぎることである。会計士や税理士や弁理士などの専門職と比較して、不釣り合いに、偉いと錯覚されている。自分達も、六法全書を知っているというだけの人種なのに、選ばれた特別な職業であると思いこんでいる。

たとえば、テレビに出演すると、上から目線で偉そうに講釈を垂れ、したり顔で知った風な口を叩く。偉くもないのに、似非エリートなのに、エリート意識をふんぷんと匂わせている人種である。政治、経済、社会、文化などに関する専門知識もなく、リベラルアーツとしての教養もない。世間知らずである。こういう人種がはばを利かす日本は異常である。

それでは、なぜ威張るかというと、弁護士の絶対数が少ないからである。なぜ少ないかというと、人数を制限し参入させないからである。閉鎖的なギルドを形成し、利権特権を守っている。本来ならば、そこらに転がっている専門職の一つであって、特別な職業ではない。

弁護士の数は、アメリカ百二十五万人、ドイツ十七万人、イギリス十五万人、フランス七万人、日本はわずか四万人である。人口の割に日本は少なすぎるのである。弁護士／人口比にすると、日本は、一／三〇〇〇、すなわち弁護士一人当たり国民は三千人である。アメリカは一／二五〇である。ヨーロッパ諸国も、一／三〇〇である。フランスは一／七〇〇である。日本の数字は異常である。

能力の面から評価すると、日本の弁護士は、日本専用に特化した職業であり、グローバルに通用する人間ではない。日本という限られた社会の法律を知っているだけの人間である。医者のような万国共通の専門家ではない。

日本の法律を知っているからと言って、弁護士をたてまつる日本社会は不可解である。政治を、経済を、社会を、文化を、芸術を……オールラウンドに知っている、万能の知識人でもない。日本社会に数多く存在する専門分野の一人にすぎない。

第十章

児童虐待のトンチンカン

児童相談所よりも真っ先に父親を逮捕し勾留すること

二〇一九年一月二十四日、わずか十歳の栗原心愛《みあ》ちゃんが父親の虐待を受けて亡くなった。何とも言えず、言葉がない。心愛ちゃんがかわいそうで涙が止まらない。つらかっただろう、寒かっただろう、痛かっただろう、心細かっただろう。涙も枯れ果てただろう。

この世に生をうけてわずか十年、わずか十年で命を終えるとは、何たる理不尽、何たる悲劇、神も仏もないのか。心愛ちゃんを虐待死させた父親に断固たる処罰をくだせ。心愛ちゃんと同じ苦しみを味わわせろと言いたい。

問題は、一年前、警察が父親を逮捕しておけば、栗原心愛ちゃんは死なずに済んだということである。栗原心愛ちゃん事件の本質は、第一義的に警察の問題であるということだ。児童相談所や学校や家庭の役割については、警察が心愛ちゃんを保護してからの問題である。まず優先すべきは、父親の逮捕と心愛ちゃんの迅速な保護だった。

●心愛《みあ》ちゃんの悲しい叫び

まず、わずか十年の生涯を終えた栗原心愛ちゃんの悲痛な叫び声に耳を傾けよう。短い文章だが、読むたびに涙を禁じ得ない。新聞やテレビで報道され、多くの人の涙を誘った。

「お父さんにぼう力を受けています。夜中に起こされたり、起きているときにけられたりたたかれたりされています。先生、どうにかできませんか」

心愛ちゃんが小学校のアンケートに残した文章である。必死に助けを求める悲しいまでの叫び声である。これを書いたのは二〇一七年十一月六日だった。この時、ただちに警察が出動し、父親を逮捕しておけば、心愛ちゃんは死なずに済んだ。心愛ちゃんのメッセージに鈍感だった大人達が、心愛ちゃんを死なせたのである。

栗原心愛ちゃん事件は、第一義的に暴行傷害事件である。学校や教育や児童相談所の問題ではない。それらは第二義的な問題である。一年前、真っ先に行うべきだったのは、暴行傷害罪として父親の逮捕だった。虐待した父親は、刑法二〇四条の傷害罪に該当する。「人の身体を傷害した者は、十五年以下の懲役又は五十万円以下の罰金に処する」と書いてある。一年前、父親を放置したことが、今回の悲劇を生んだのである。外国ならば、警察が出動し、即、この父親を逮捕していただろう。そのことを思うと、心愛ちゃんの無念を思い、今も、涙が流れる。

★心愛ちゃんへ捧げる詩★

心愛ちゃん
寒かっただろう
冷たかっただろう
つらかっただろう
お腹がすいていただろう
心細かっただろう
悲しかっただろう
せつなかっただろう
せめて天国で温かいフロに入り
温かいものを食べ
やさしい大人に囲まれて
安らかに眠れ
君を救えなかった我々大人のふがいなさを許してほしい！
合掌

この事件の問題は以下の通りである

第一．学校や、児童相談所や、教育委員会の対応があまりにも、無責任であり、ぶざまであり、無能であった。それぞれの組織の担当者が、少しの判断力を働かしておれば、防げた事件である。無能な大人たちによって、わずか十歳の少女の命が奪われたのである。

第二．野田市教育委員会が、心愛ちゃんが書いた「お父さんからぼう力を受けている」というアンケート用紙を父親に渡した大失態である。これは取り返しのつかない過ちである。これによって虐待がエスカレートし、死に至らしめた可能性は高い。

第三．教育委員会の謝罪会見をテレビで見たが、「父親の威圧的な態度によって渡してしまった」と、あたかも自分たちには責任がないと言わんばかりの言い訳をしていた。何という醜い言い訳であるか。言い訳は一切語ってはならない。言い訳するということは、当人に心からの謝罪がない証拠である。言い訳することで責任を逃れようとすることほど、醜いものはない。

第四．児童相談所とは、無責任なお役人の集まりか。児童相談所は、一時、心愛ちゃんを保護しておきながら、結局、父親の元にかえしている。これも取り返しのつかない大失態である。相談所の担当者に、少しの判断力があれば、この過ちを防ぐことができた。この親子の関係は異常である、心愛ちゃんと父親は、しばらく離しておくべきだという結論になるはずだ。

児童虐待事件は、毎年のように起きている。児童相談所に通告した数は、年間約六万件である。死亡した子供の数は、毎年五十人である。驚くべき数字である。

船戸結愛《ゆあ》ちゃん虐待死事件から何も学んでいない

栗原心愛ちゃん事件の前年、二〇一八年三月二日、東京の目黒区で、船戸結愛《ゆあ》ちゃんが虐待死している。わずか五歳だった。亡くなった時、体重は十二・二キロ、あばら骨が浮いていた。食事を与えず、栄養失調の死である。飽食のこの時代に、こんな残酷な話があってたまるものか。今年の心愛ちゃん事件は、この船戸結愛ちゃんの事件から何も学んでいなかった結果である。結愛ちゃん、心愛ちゃんと連続して悲劇が起きたのである。結局、われわれ大人達が、結愛ちゃん、心愛ちゃん、二人の幼い子を死なせたのだ。三月二日の結愛ちゃん、一月二十四日の心愛ちゃん、この二つの日は、「子供の命の日」として、冥福を祈ろうではないか。

●涙をさそう結愛《ゆあ》ちゃんの手紙

結愛ちゃんが書き残した手紙は涙を誘った。あまりにも哀れである。可愛そうである。こんな文章を書かせる親は鬼畜である。次に全文を掲げる（読みやすくするためにマルとテンは筆者が入れた）。

「パパとママにいわれなくても、しっかりと、じぶんから、もっともっと、きょうよりかあしたは、できるようにするから、もうおねがい、ゆるしてください、おねがいします。ほんとうにおなじことはしません。ゆるして」

「きのう、ぜんぜんできなかったこと、これまで、まいにちやっていたことをなおす。これまで、どんだけあほみたいにあそんだか。あそぶって、あほみたいだから、もうぜったいやらないからね。ぜったいやくそくします」

結愛ちゃんの事件では、児童相談所は、二回、保護をしているが、二度とも解除して、家に帰している。あまりも杓子定規な対応が悲劇を招いたのである。もっともっと真剣に子供に向き合う必要がある。危機管理能力の不足であり、論理的思考力の不足である。

警察よ、真っ先に動け、そして逮捕せよ

船戸結愛ちゃんと栗原心愛ちゃんの事件については、家庭の問題だの、児童相談所の問題だの、教育委員会の問題だのと、問題を拡散し、問題の本質を取り違えてはならない。問題の本質は、優れて警察の問題である。何よりも、まず最初に出動すべきは警察だった。児童相談所や教育委員会は、警察の後である。まず警察が、この父親を逮捕して、身柄を警察に確保するべきだった。そうすれば、その後の暴力を防げ、結愛ちゃん、心愛ちゃんは死なずにすんだ。

普通、人をぶん殴ったら、暴行傷害事件として逮捕される。なのに、なぜ、結愛ちゃん、心愛ちゃんに暴行をした人間が逮捕されないのか理解できない。最初に、暴行を把握した時点で、父親を逮捕しなければならない。しかし、日本では、この種の家庭内暴力が少なかったせいか、あるいは表面化しなかったせいもあって、暴行傷害事件としてとらえず、家庭内の問題として考える傾向にある。この問題では、先進国のアメリカでは、まず最初に児童相談所と警察が連携して一緒に動く。警察が出動して、いつでも逮捕する体制である。それだけ家庭内暴力が激しいのであろう。しかし、日本もアメリカ並みの時代になっている。法律や警察が遅れている。家庭内暴力を取り締まる法律の整備が遅れており、当然、警察の対応も遅れている。

国民も、マスコミも、警察も、意識を改革しないといけない。そして何よりも警察の意識改革が緊急である。人を殴ったら逮捕されるのであるから、我が子を殴ったら同じことで、逮捕されるという意識へ変化しないといけない。他人であろうと、妻や子供であろうと、人間を傷つける行為は、暴行傷害事件であるという意識改革である。

いずれにしても、家庭内暴力事件においては、今後、直ちに警察が出動することを、国民もマスコミも警察もしっかりと意識しておく必要がある。家庭内暴力事件＝警察であるという刷り込みである。

私人逮捕を行うべし

もう一つの有効な方法は、一般人が虐待者を逮捕することである。現在の法律では、警察官でなく一般人でも逮捕できる。これを私人逮捕という。刑事訴訟法二一三条には、『現行犯人は、何人でも、逮捕状なくしてこれを逮捕することができる』と書いてある。ただし私人逮捕を行うには次の条件を満たす必要がある。

①犯人が現行犯人、準現行犯人であること（刑事訴訟法二一二条）。

②三十万円以下の罰金、拘留、科料にあたる罪の場合（刑法では、過失傷害罪・侮辱罪）は、

犯人の住居、氏名が明らかでなく、又は犯人が逃亡するおそれがある場合、逮捕できる（刑事訴訟法二一七条）。

この私人逮捕権を、広く適用して、一般人が虐待している人間を逮捕できるようにすべきである。警察官や、児童相談所や、学校では、対応が遅れることが多い。いちいち相談し、虐待者の家庭を訪問し、面会するなどしていたのでは、幼児は虐待死する。心愛ちゃん、結愛ちゃんの事件は、対策・対応の遅れが最大の原因であった。

しかし、私人逮捕権を利用すれば、虐待を見た人が、ただちに出動し、虐待者を逮捕し、幼児を保護できる。私人逮捕という方法があるのに、警察も、マスコミも、有識者も、誰もそのことについて触れない。警察は自分の権限の浸食を恐れているのか。マスコミと有識者は、私人逮捕について無知だったのではないか。

筆者は、私人逮捕を積極的に活用することが、虐待事件を防ぐ大きな方法になると思っている。いずれにしても、現在の日本人は、講釈ばかり垂れて行動しない。まずはやってみることである。実行、実践あるのみ。偉大な松下幸之助は「やってみなはれ」と言っているではないか。

犯人をブルーシートで隠すトンチンカン

筆者がいつも疑問に思うのは、犯人の顔や犯行場所を、ブルーシートで隠すことである。警察官が連なって、ブルーシートを掲げて、隠すのである。あの行為の意味が分からない。日本以外の国で、欧米でも、中国でも、韓国でも、あんな光景は見たことない。そうすると、個人のプライバシーの保護という警察の行為は意味をなさない。先進民主国家でも、ブルーシートで隠す行為がないのであるから、あれは日本だけの特殊な行為であり、そして行き過ぎた配慮であるということになる。

個人保護法が成立してから過剰な保護が横行している。後節で述べるが、個人保護法という法律はあいまいで、いかようにも解釈できる。警察は後難を恐れて、ブルーシートを使っているのである。その結果、凶悪犯人を保護するという本末転倒が行われているのである。

諸外国でもブルーシートが使われているならば、日本の警察の対応は正しいといえる。しかし、テレビで見る限り、諸外国にはブルーシートはない。犯人は、大衆の面前でさらし者である。これが世界の普通の感覚ではないのか。日本は異常である。この異常さを打破しないかぎり、犯人が保護され、被害者がさらし者になるという逆のことが続くことになる。

犯人の顔にぼかしを入れるトンチンカン

もう一つのトンチンカンは、テレビ局が犯人の顔にぼかしをいれることである。今問題になっている、セブンイレブンや回転寿司やチェーン店で、店員やアルバイトが不適切な動画を映し、ネットにばらまく行為である。あれほどの悪質な行為なのに、犯人の顔には、みんなぼかしが入っている。ぼかしをいれるから、余計に犯行を助長するのである。少年犯罪の時と同じである。罰されないから調子に乗って犯行をするのである。顔にぼかしが入っているから、犯行を助長するのである。

ぼかしを取り除き、顔をそのまま放映してやればいい。そうすれば、愚かな行為の防止に少しは役に立つだろう。処罰が甘いと人間は舐めるのである。たいした罰にならないと思うから若者は調子にのるのである。個人の人権やプライバシーの保護というのは偽善である。日本社会には、最近、そういう偽善がはびこっていることが問題なのである。正義の偽善、人権の偽善、個人保護の偽善、プライバシーの偽善である。

個人保護法のトンチンカン

ブルーシートも、顔のぼかしも、すべて個人情報の保護の行き過ぎである。なぜ、こういうことが起きるかと言えば、個人情報の定義が不十分であり、曖昧模糊としていることに原因がある。筆者は、「個人情報の保護に関する法律」を読んでみたが、冒頭の第一章から、あまりの悪文に驚いた。筆者は、長年、名文と悪文を研究してきた。『文章力・名文と悪文』（総合法令）という著書もある。この法律文は、悪文も悪文、超がつく極悪文である。官僚は、こういう悪文を作って、庶民を煙にまいて、自分達だけの恣意的な運用をするのである。ようするに、個人情報に関する明瞭明晰な定義がないために、警察やテレビ局などの現場が、非難を恐れて、過剰な保護をするのである。その象徴がブルーシートとぼかしである。

第十一章

防衛問題のトンチンカン

日本は戦争を辞せざる国家たれ

●人間が存在するかぎり戦争は絶対になくならない

戦後日本人には、次のような二つの呪文がある。

第一、戦争は絶対にしてはいけません。

第二、平和は大切です。命は地球より重いのです。

しかし、残念ながら、人間の歴史が教えることは、「戦争は絶対になくならない」ということである。なぜか。戦争すなわち戦いは、人類の進化のために絶対に必要だからである。すなわち「戦争」や「争い」の本質は「競争」である。そして、競争は人間の能力を向上させ、文化・文明を進化させ、技術を開発し、経済を発展させるからである。

戦争がなくなるのは人類が進化を止めた時である。あるいは人類が絶滅した時である。人類が進化、発展しているかぎり戦争はなくならない。進化と戦争は表裏一体であるからだ。ゆえに戦争はいけません、平和は大切ですと、いくら呪文のように叫んでも、戦争はなくならないのである。

●17 酔っ払い議員丸山穂高の発言は間違っていない

丸山穂高議員の戦争発言は間違っていない。この男、酔っ払いのロクでなしだが、酔っ払いのたわごとと、片付けるわけにはいかない。人間酔っぱらうと、おうおうにして真理を言い当てるからである。

歴史上、戦争なくして、領土が奪回できた例はない。すべては戦争をもって領土は決まる。「どうぞお譲りしましょう」などと言った国はない。多くの戦争は領土紛争から始まる。フォークランド戦争しかり、中ソの国境紛争しかり、インド中国の国境紛争しかりである。日本は中国と尖閣諸島をめぐり、戦争の火種を抱えている。

日本人は、以上のような歴史の自明のことすら、分からなくなり、考えなくなったのである。平和主義が行きすぎると異常な民族になる。狂っているのは、丸山穂高ではなく、北方領土視察団の団長であり、朝日新聞であり、平和主義者・日本人である。

北方領土を奪還したいのなら、戦争を発動するしかない。あるいは強力な軍事力を展開し、圧力をかけることから始めなければならない。韓国に占領されている竹島も同じである。自衛隊が竹島に敵前上陸し、韓国軍を海に放り込むしかない。尖閣諸島を狙う中国を追っ払うには、中国の船を轟沈すればいいのである。

●戦争は国際紛争を解決する最終手段である

訪問団の団長である大塚小弥太という腰抜け男は、「戦争は必要ない」『「戦争という言葉は使いたくない」などと答えたそうだ。戦後七十年間の平和主義の、無残な結果が生んだ、無残な男である。

戦後日本人は、国際紛争を戦争で解決しようとした明治・大正・昭和前期の日本人とは、まるで別民族である。いまさら持ち出すまでもないが、念のために確認しておこう。すなわち、「戦争は国際紛争を解決する最終手段である」という有名な定理を思い出せ。大塚なにがしとかいう男に代表される、腰抜け日本人がいるかぎり、ロシアや韓国や中国は、日本は御し易い国だと安心し、舐め切るだろう。戦争を、絶対にしない国なんて、天使のような人間の住む国だと、ロシア人は枕を高くして眠るだろう。

●防衛費GDP二%を達成すべし……韓国の軍事費に追いつき追い越される！

世界の軍事費は左記の通りである。絶対額も大切だが、GDP比は極めて重要である。軍事力にかける国家の意志が明確だからである。世界のベストテンの中で、日本の比率が一番少ない。一%を切っている国は他にない。とくに、韓国の増強が著しい。二〇一九年度予算では四

世界の軍事費（2017年）			
1	米国	6100（億ドル）	3.1 （GDP比・%）
2	中国	2280	1.9
3	サウジアラビア	694	10.3
4	ロシア	663	4.35
5	インド	639	2.5
6	フランス	578	2.3
7	英国	472	1.8
8	日本	454	0.9
9	ドイツ	443	1.2
10	韓国	392	2.6 （※2019年度予算は4兆7千億円である）

ストックホルム国際平和研究所の公表資料を基に著者作成

兆七千億円である。このまま伸びると日本を絶対額で追い越すのは時間の問題である。

近年の韓国の反日の背景には軍事力の充実がある。戦後七十年間、すべての面で日本に劣っていた韓国が、経済力で充実し、軍事力ではとうとう日本を射程にとらえたのである。未来永劫の反日国家であるゆえに、この事態は日本の最大の脅威となる。

中国の軍事力は約二十兆円である。これも大きな脅威であるが、中国は日本の実力を知っている。韓国のような非論理的な反日ではない。韓国は日本と戦争をし、勝ちたがっているというとんでもない発想があるから脅威なのである。中国よりも好戦的である。北朝鮮と合わせると、朝鮮半島は日本の最大の脅威である。

驚くなかれ、韓国の防衛予算は四兆七千億円である

すでに述べたように、韓国の二〇一九年度の防衛予

算は、四兆七千億円である。GDP比では二・五から二・六％である。このまま韓国の経済成長が続けば、必然的に日本の防衛費五兆円を追い越すことになる。最近の韓国による反日・侮日の背景には軍事力の充実がある。韓国は北朝鮮と同じ朝鮮民族として、日本の敵性国家であるゆえに、韓国の軍事力の動向には最大限の注意を払う必要がある。

軍事力とは国家の原動力である。古今東西の歴史が示すとおり、軍事力なき国家は国家ではない。ローマに滅ぼされたカルタゴの悲劇を思い起こせ。大日本帝国がアメリカの軍門に下ったのは軍事力の劣勢にあった。軍事力が劣勢なのに、山本五十六は真珠湾を攻撃した。これは日本史における空前絶後の意思決定の誤りだった。

一握りの指導者が無能であると、三百万人が亡くなり、広島長崎に原爆が落とされる。大日本帝国とは優れた国家だった。世界史の中でも特筆されるべき国家だった。白人支配の世界史をひっくり返した偉大な国家だった。大日本帝国がそのまま発展しておれば、現代の日本などをはるかに凌駕した偉大な国家になっていただろう。その大日本帝国を根底から支えたものが軍事力だった。

アホの一つ覚え・専守防衛から脱皮せよ

●消極的な受け身の姿勢…専守防衛論の危険

専守防衛という呪文が日本を危険に陥れている。

日本の政治家も、マスコミも、国民も、専守防衛という言葉に呪縛されている。アホの一つ覚えのように「専守防衛」を、呪文のように唱えている。しかし、この呪文は非常に危険である。日本を取り巻く東アジアの諸国は、すべて攻撃精神あふれた好戦的な国ばかりであるからだ。一人日本のみが、穴に閉じこもって、蓋をして、ビクビクと攻撃されないことを祈っているのである。

戦争によらず、すべてのスポーツ、すべての企業競争、開発競争、営業競争、ノーベル賞の競争において、積極的な攻撃精神・攻勢の気持ちがなくて、競争に勝てる道理がない。受け身の待ちの姿勢では、すべての競争に敗北する。日本人は、戦後七十年間、守勢ばかりを教えられ、守ることばかりを厳守してきたために、全国民の精神が消極的な守りの姿勢になってしまった。現代日本人には、積極果敢な攻撃精神、攻勢の気持ちがなくなっている。

これはGHQの政策だった。アメリカは、大東亜戦争中の日本軍の凄まじい攻撃精神を大変恐れた。玉砕してもなお降伏しない敢闘精神である。この精神を永久に封じ込めるために、日本に対して平和憲法を作らせ、軽武装政策を推し進めた。その結果、日本人は平和主義者になった。平和主義とは、臆病で何も行動しないことである。それが専守防衛である。もっぱら守り、決して攻撃しない。受け身で受動的な日本人になった。戦前の日本人とは一八〇度異なる人間となった。

●専守防衛は破綻している

戦後七十年間の日本の防衛政策はすでに破綻している。中国や北朝鮮や韓国など、軍事的な脅威を前に明らかである。しかるに日本政府も日本国民もまったく危機感がない。戦後日本人は、軍事問題になると、鈍感きわまりない国民になった。軍事オンチという言葉で、片づけるには、あまりにも事は重大である。泰平の世だった江戸時代に、二百年以上、先祖返りしたようである。

その根本原因の第一は、平和憲法にある。第二は、GHQと吉田ドクトリンによる軽武装政策にある。第三は、日米安保条約にある。第四は、七十年かけて醸成されたアメリカ頼みの奴隷根性にある。この四つが日本人の平和ボケの元凶である。

その象徴が、日本の防衛費のGDP一%である。今どき、先進国でも一%と言うのは例外的である。一%以上が普通で、二%をこえている国も多い。ヨーロッパでは二%を達成していない国があるので、アメリカのトランプが怒って、二%の達成をせかしているのである。もちろん、中国の防衛費は二十兆円である。韓国の二〇一九年度防衛予算は、四兆七千億円で、日本に追いつき追い越そうしている。日本は東アジアの軍事的弱小国になっている。これは非常に危険である。

日本の防衛政策の何が問題か

第一．防衛費が少なすぎる。

早急にGDP二%・十兆円に増強すべし。戦後七十年間、防衛費はほぼ一%である。もともとは、日本の軍事力の復活を恐れるGHQの軽武装政策だった。しかし、中国の軍事力が巨大化し、北朝鮮の脅威を前に、防衛費一%では、あまりにも危険となった。そしてアメリカもアメリカファーストで内向きになった。アメリカ頼みから脱却し、単独で、自国を守る軍事力が必要である。そのためにはGDP一%では不可能である。NATO並みの二%に近づけたい。同時に、自衛隊を三十五万人体制に増強すべしと提言したい。

第二．専守防衛論は机上の空論である。

日本の防衛政策は専守防衛である。もっぱら守る。守りに専念し、こちらから先には攻撃しない。攻撃は、相手からの攻撃を受けてから反撃するというのである。これは空想の産物である。平和ぼけの所産である。軍事オンチの考えである。
なぜならば、相手の最初の攻撃で、日本が全滅したら、反撃できず、ジ・エンドであって、日本は降伏するしかない。専守防衛とは、愚かというのか、バカというのか、アホというのか、何とも形容しようのない、議論の価値もない防衛論である。

第三．産学一体で軍事研究に邁進すべし。

最先端の軍事技術の開発こそ、日本を守る最高の防衛政策である。軍事研究を禁止した日本学術会議は、バカにつける薬はない。左翼イデオロギーに毒された売国奴学者を、国立大学から放逐すべし。むしろ韓国の軍事研究の進歩は驚くべきものがある。日本人としては信じたくないが、潜水艦や戦闘機を輸出できるほどに軍事技術が進化している。

第四．兵器輸出を積極的に行なうべし。

長年の武器禁輸政策は世界でも類例のない愚かな政策であった。兵器輸出は、①他国を日本の武器体系に入れ、日本に戦争を仕掛けないようにさせる。②科学技術を発展させる。③国民の防衛費の負担を減らす。

第五．ガラパゴス兵器をやめるべし。

たとえば、世界に通用しないガラパゴス戦車である。ドイツのレオパルト戦車のように、世界市場で売れる世界標準の戦車を開発すべし。日本に特化した兵器とは、世界で通用しないガラパゴス兵器である。

第六．自衛隊を日本軍と名称変更すべし。

名は体を表す。自衛隊はまぎれもなく大日本帝国陸海軍の末裔である。日本軍建軍を、鳥羽伏見の戦いのあった明治元年とすると、平成三十年で、日本軍は建軍百五十年の歴史と伝統がある。各国の軍隊は、歴史と伝統を何よりも重んじている。ひとり日本のみが、歴史を断絶させ、自衛隊という自虐的な名前の軍隊を発足させた。自衛隊を精強にする方法は簡単である。「日本軍」という光輝ある呼称に変えることだ。即、世界最強の軍隊に変身するだろう。

第七．学校教育において戦史教育を行なうべし。

歴史教育は民族にとって必須のものである。歴史教育の中で、戦後失われた教育が戦史教育である。民族の戦いの歴史である。防衛白書の最大の問題点は、戦史の記述がまったくないことである。とくに、日清日露の戦い、シナ事変の戦い、大東亜戦争における、わが父母・祖父母の・獅子奮迅《ししふんじん》の戦いを語り伝えなければならない。

第八．核武装すべし。

「唯一の被爆国」というアホの一つ覚えの念仏から脱却すべし。日本を守る者は日本人であって、アメリカ人ではない。日本を守る最良の方法が核武装ならば、何のためらいもなく、核武装を選択せよ。核武装は誰のためでもない。日本人のためである。自国の防衛のためには、中国、韓国の懸念なんぞは、何の関係もない。

軍事力が経済力を規定する

筆者は三つの仮説を持っている。

★第一は、「軍事力が経済力を規定する」、あるいは「軍事力が国力を規定する」である。

成功例はイスラエルである。かつてイスラエルは羊のような国だった。ゆえにナチスドイツに痛めつけられ、数百万人が虐殺された。しかし、一転して、戦後は、軍事力と経済力と技術力を強化し、羊からライオンに変身した。今はイスラエルの軍事力は中東一であり、アメリカも一目も二目も置く国家となった。とくに技術力は世界有数である。

第二の例は、残念ながら、韓国である。韓国の戦後の成長は軍事力に力を注いだ結果である。軍事力の充実が韓国経済を成長させたことを、認めざるをえない。韓国の防衛費はＧＤＰ二・五％から二・六％である。軍事力は重荷ではなく、逆に、経済力を引っ張っている。

★第二は、「戦争は国力を高める」である。

国力とは、①経済力、②軍事力、そして、③国民力すなわち民族としてのパワー、この三者の統合である。とくに、③の民族のパワーは、国力を強大にする最重要な要素である。この三者を統合し、総合するのが戦争である。戦争を想定する時、民族は一致団結し、強大な力を発揮する。経済力を高め、技術力を高め、民族の意志を総合し、総力戦体制となって、国力を増大させる。これがアメリカであり、イスラエルであり、中国であり、韓国である。そして、明治・大正・昭和の大日本帝国だった。現在は、戦争の起きる確率は減ったが、戦争への準備を怠らない国家が国力を増やしている。現在の日本の停滞と衰退は、軍事力と戦争への怠慢が原因である。誰も指摘せず、タブーになっているが、戦争についての科学的な研究の必要性を力説したい。戦争は忌避するものではなく、進んで研究するものである。戦争を忌避する国家が戦争に巻き込まれる。戦争を研究する国家こそが戦争を避けることができる。

★第三は、「軍事力の弱体化は経済力を衰退させる」である。

その見本が日本である。「軍事力が経済を弱体化させ国家を崩壊させる」というのは、共産主義国家ソ連の事例であって、資本主義国家にはまったく当てはまらない。軍事力こそが経済力を発展させるというのは、法則であり原理原則である。しかるに日本はその逆をおこなっている国家である。経済力だけでは国力は限界を迎え、早晩、衰退に向かう。日本の停滞が、その証拠である。今、日本に必要な政策は、防衛費GDP二%の達成による軍事力の強化である。

防衛費GDP二%は日本の成長エンジンとなる

防衛費GDP二%の達成は、日本の国家的な緊急課題である。シナ中国は約二十兆円、韓国は四兆七千億円、ロシアは核大国、北朝鮮は核武装と、日本を取り巻く軍事的環境は最悪である。一人日本のみが、GDP一%わずか五兆円で、平和の惰眠をむさぼっている。軍事力は、昨日や今日で充実できるものではない。数十年の積み重ねを必要とする。最低でも十年はかかる。軍事力は国家百年の計が必要なのである。

第一・軍事力の軽視は、国民から質実剛健と尚武の気風をなくす。ローマ帝国は、尚武の気風を無くしたためにゲルマン民族に敗れ、オスマントルコに征服された。

第二．軍事技術は、国家全体の技術力を発展させる。アメリカが典型的な事例である。シナ中国は、アメリカを見習い、その後を追っかけている。韓国の技術力は、軍事技術力が支えているゆえに、侮ってはならない。

第三．先端技術は軍事技術から生まれる。戦後日本の技術力は、ゼロ戦と戦艦大和から生まれたものである。戦前の日本は、当時の世界最先端技術をもっていた。

第四．世界史の中の偉大な国家・大日本帝国を支えたものは軍事力であり、軍事技術である。戦後日本はその遺産で食ってきた。しかし、その遺産も残り少なくなってきた。

アメリカ頼みの軍事力、すなわち現在の防衛費GDP一％、五兆円では、軍事力軽視の風潮を醸成させるだけで、百害あって一利なしである。軍事力の軽視は、国民から尚武の気風と質実剛健を奪い、国家の活力を喪失させる。防衛費GDP二％の達成は、日本を再び坂の上の雲を追っかける国家として再生させる。安倍さん、防衛費GDP二％必達に全力を投入せよ。GDP二％の達成こそ、日本の成長エンジンとなる。

尚武の気風を醸成し、質実剛健の若者を育てよ

大東亜戦争に敗けたからとて、戦前を全否定するのは、愚か者の所業である。戦後七十年の

平和主義が生み出したものは何だ。軟弱なる精神をもった若者か、質実剛健を失った若者か、尚武の気風を喪失した若者か。草創期のローマ帝国、そして創成期のゲルマン民族に、みなぎっていたものが尚武と質実剛健だった。

若者は、いつの時代も、国家の根幹である。この根幹をきびしく鍛錬しないかぎり、国家の発展はない。若者は、徹底的に鍛えるべき存在なのに、現代の暴力否定の風潮は、質実剛健と尚武まで、全否定しようとしている。暴力と鍛錬は違う。暴力としごきは違う。人間は鍛錬し、しごいてこそ、無限の能力を発揮する。暴力否定の風潮は、鍛錬とシゴキと訓練まで否定しようとしている。恐るべき愚行である。

体育会系の鍛錬を、そして運動部のシゴキを、国民的な規模で行ったのが徴兵制度である。徴兵制を全否定する戦後風潮に異議を申したい。戦後、この風潮が七十年続き、軟弱なる若者を生み、艱難辛苦に耐える若者がいなくなり、その結果、日本は停滞と衰退に陥っている。尚武の精神、質実剛健は、いつの時代も真理である。カルタゴの故事、ローマ帝国の歴史、ゲルマンの教訓、そして我が大日本帝国を作り上げた父祖達を思い起こせ。

もともと歴史的に軟弱な民族だったシナ民族と朝鮮民族は、戦後、軍事力を強化した結果、現在の繁栄を獲得した。したたかな民族へと変身した。かつて羊といわれたユダヤ人は、イスラエルを建国し、強大な軍事力を持ち、狼へと変身した。

第十二章

沖縄のトンチンカン……
いい加減にしろ沖縄、甘ったれるな沖縄

守礼門は日本民族の屈辱の門

●シナ皇帝の使節に三跪九叩頭の礼をした恥ずべき門である

写真は有名な沖縄の守礼門《しゅれいもん》である。日本人や沖縄県民は、この門の由来を知っているのだろうか。知った上で観光資源としているならば、言語道断の恥ずべき振る舞いである。日本人というよりも、人間としての尊厳や誇りを忘れた、外道・餓鬼道に堕ちた所業である。ずばり言おう。守礼門とは、琉球王が、シナ皇帝の使節の前にひざまずき、屈辱的な三跪《さんき》九《きゅう》叩頭《こうとう》の礼をした、まことに日本人として恥さらしの門である。

沖縄県民に告ぐ、なぜ、この恥ずべき門を今も残すのか。この門を屈辱の門、あるいは恥ずべき門、と思わなかったら、君たちは日本人ではない。沖縄県にこの門があるかぎり、中国は、琉球王朝の例にならって沖縄に触手を伸ばし、冊封《さくほう》の島とするだろう。

同じような恥ずべき三跪九叩頭をしたのは朝鮮半島だった。李氏朝鮮王は、ソウルに迎恩門を作り、シナ皇帝の使者に対して三跪九叩頭の礼をおこなった。ゆえに、朝鮮民族は今もなお中国にひれ伏し、その足を舐めているのである。沖縄県民は朝鮮人ではないと信じる。ゆえに、この門を破壊せよと言いたいのである。今のソウルには迎恩門はない。

日本民族の屈辱の門、守礼門

●三跪九叩頭の礼とは

第一回、「跪」（ひざまずけ）の号令で、跪き、
「一叩頭」の号令で手を地面につけ、額を地面に打ち付ける。
「再叩頭」の号令で手を地面につけ、額を地面に打ち付ける。
「三叩頭」の号令で手を地面につけ、額を地面に打ち付ける。
「起」の号令で起立する。

この儀式を、続いて第二回、第三回と、三回繰り返す。合計九回、手を地面につけ、額を地面に打ち付けるのである。これは、まさに平身低頭の究極のお辞儀である。シナ帝国の冊封国の使節が、北京に行った時、シナ皇帝の前で行った。あるいは、シナ皇帝の使節を自国に迎えた時、使節の前で、冊封国の王が行った。沖縄は守礼門、韓国は迎恩門である。しかし、大英帝国の使節ジョージ・マカートニーは、乾隆帝の前で三跪九叩頭の礼を要求されたが拒否した。さすが大英帝国である。

約二十年前、筆者が沖縄に行った時、守礼門を見た。しかし、当時は、沖縄戦の戦跡をめぐるのが目的だったので、守礼門について深く考えていなかった。それよりも守礼門の近くにある沖縄の第32軍の司令部跡が廃墟となっていることに愕然とした。

沖縄防衛の日本軍は、牛島満《うしじまみつる》中将（司令官）以下、地下に張り巡らされた堅固な洞窟司令部をつくり、米軍を迎え撃った。その小さな入り口が草で覆われ、ひっそりと穴らしきものが見えた。あまりにも哀れだった。第32軍司令部壕は日本防衛の拠点だった。数十万人の兵隊、軍属、沖縄人が、司令部とともに、国のために戦った。あまりにも司令部壕の無残な姿に心底怒りが込み上げた。同時に、速やかに守礼門をぶっ壊し、第32軍司令部壕を戦跡として整備し、お祀りすべきであると思った。司令部壕を、廃墟のままにすることは許されざる蛮行である。司令部壕とともに戦い、尊い生命を投げ出した人に対して、今生きているわれわれは、心から謝罪しなければならないと思った。

沖縄もまた本土である

沖縄問題を執筆するにあたって、ぜひとも、強調しておきたいことがある。それは、反政府系の沖縄県民や、左翼の連中が、当然のごとく表現する「沖縄」と「本土」という言い方である。

すなわち沖縄と本土を対比し区別する表現である。しかし、これはおかしい。我がふるさと四国・徳島の人間は、四国という島に住んでいるが、本州のことを本土とは呼ばない。四国も徳島も本土であるからだ。

沖縄は本土でないのかと言いたい。沖縄は本土たる日本国を構成する一つの県ではないのか。なぜ沖縄と本土と対比し、区別するのか理解できない。沖縄はれっきとした日本国ではないのか。

沖縄と本土を区別する言い方には、ことさらに沖縄を特別視するか、沖縄を本土と分離しようとする中国や韓国や北朝鮮の工作員の意見ではないのかと疑うのである。沖縄は本土であり、一つの県の名前である。四国徳島県と同じように日本国を構成する県であり島である。ゆえに、筆者は沖縄の人達に言いたいのである。本日を期して、本土という言い方をやめてもらいたいのである。本土と呼ぶのは、せいぜい戦前の朝鮮半島や満洲から見た呼び方だろう。

沖縄の基地を決める権利は日本人全員にあり

沖縄の基地問題は、ひとり沖縄県の問題ではなく、全日本・全日本人の問題である。なぜならば、沖縄の基地とは、全日本、全日本人の防衛のための基地であるからだ。沖縄県民だけの意向で決まる問題ではない。全日本・全日本人が決める問題である。

かつて大東亜戦争では、日本は、アメリカ軍に対する防衛の最重要最前線基地として、沖縄に軍事力を集中した。それが当然の軍事セオリーだからである。そのことについて当時の沖縄県民や日本人も、当然の常識として受けいれ、全国から兵士が集まったのである。

鎌倉時代の元寇の時、全国から武士が九州に集中したことと同じである。何百年たっても、日本の防衛とは、最重要拠点に対して、軍事力を集中させることである。

当時の日本人の精神は崇高だった。国家国民に奉仕する点において、現在の日本人など、足元にも及ばない。公に奉仕する精神、国家国民に対する忠誠心は偉大だった。戦後日本人の最大の欠陥が、公共に奉仕する精神の欠落である。国家国民に対する忠誠心である。国家国民に対する忠誠心とは、父母、祖父母、女房子供、友人、隣人を守る責任感である。

沖縄県民に告ぐ……普天間移設反対ならば具体的な案を出せ

二月二十四日、普天間基地の辺野古への移設に関する県民投票の結果がでた。賛成は約十一万票、反対は約四十二万票、どちらでもないは約五万票であった。

しかし、こんな投票に何の意味があるのだ。反対するのはいいが、対案はないのか。どうすればいいのか具体的に示してもらいたい。幼児が、「嫌だ」と、駄々をこねているようなものだ。大人ならば対案を出せといいたい。

第一、いくら反対だと言っても、日本とアメリカとの国家の約束である。移設は決まっている。日本は国家間の約束を破る韓国ではない。国家の約束を反故にするようでは成熟した民主主義国家ではない。約束に従って辺野古への移設を進めなければならない。

第二、過去に決定したことを、今、住民投票にかけて反対を決議することは、間違っている。まさにポピュリズムである。英国のＥＵ離脱の決定は、その時の国民投票によって決まった。しかし、今の英国民は離脱反対だろう。過去の決定が間違いだったと反省しているはずである。重要案件は、その場の空気に任せて、軽々に、国民投票や住民投票にかけるべきではない。とくに国防は一県民の投票に任せる問題ではない。国防は優れて全国民の問題である。国防は、①国民の意思と、②軍事専門家の判断と、③政治家の意見、これらを総合し、見極めて、最後は総理大臣が決定する問題である。

国防を住民投票にかけるなど言語道断である。国防は議会を含めた中央政府の判断で決めるものである。国防についての素人判断は危険である。

●沖縄は日本防衛の最重要基地である

昔も今も、沖縄は、地政学上、日本防衛のための最前線基地であり、最重要基地である。対中国防衛において沖縄以上の場所はない。沖縄に軍事力を集中させるのは軍事上のセオリーである。当たりまえの常識である。

反基地反戦を叫んでいる人間に問いたい。どうすれば、中国の軍事的脅威を防ぐことができるのか、防衛方法を提案してもらいたい。沖縄以外に問題を解決する方法があれば、沖縄にこだわる必要はさらさらない。血税を投じてまで、歓迎されない沖縄に基地を作るなどまっぴら御免こうむりたい。日本全体の防衛のために国民が血税を投じているのである。

●米軍基地問題は、日本を含む東アジアの平和のために存在する

沖縄の米軍基地はアジア全体にとって戦略的な高い価値がある。とくに、近年、南シナ海、東シナ海で、軍事的進出をはかる中国に対する抑止力としての価値が高まっている。

アメリカの世界政策の一環として存在する沖縄基地を、安保条約で保護されている日本が、まして、一地方にすぎない沖縄県が、クレームをつけるのは、思い上がりもはなはだしい。まして、沖縄県の一知事が、アメリカ軍の世界戦略に口をはさむなど言語道断である。少なくとも、日本が、東シナ海をふくむアジアに影響力のある自主独立の軍事力をもった上でないと、アメリカと対等の議論などできはしない。

●普天間問題はひとり沖縄の問題ではなく全日本国民の問題である

沖縄から聞こえてくる声は、反戦左翼か、反日か、過激派か、あるいは情緒的な理想主義者の声だけである。そこには政治的なかけひきだけが存在し、真面目な、愛国心に富む日本国民たる沖縄県民の声が聞こえてこない。

普天間問題はひとり沖縄の問題ではなく、安保条約のもと、米軍の核の傘で守られている、九州、中国、四国、北陸、近畿、中部、関東、東北、北海道、全日本国民のものである。沖縄の防衛問題は日本国の防衛問題である。

沖縄の反戦左翼の人々よ、自分たちだけが不利益をこうむっているという被害者意識など、噴飯ものである。普天間基地の側に住んでくれと誰も頼んだ覚えはない。嫌なら引っ越せばいいだけの話である。

●沖縄に投じる血税は全日本国民が出すのだ

普天間問題は、同時に、日本国民の税金の問題である。普天間基地の辺野古への移転には、膨大な血税が投じられるのである。デフレ、大震災、財政赤字、ただでさえ金のない日本が、基地問題に金を投じる余裕などありはしない。金がなければ、基地はそのままにする他はない。無い袖はふれぬからだ。きびしい財政のもと、日本国民は沖縄の基地負担を少しでも分かち合おうと、善意の血税を投じようとしているのである。

●沖縄問題は日本のみで解決できない問題だ

戦後七十年間、平和憲法に寄りかかり、軍事力という国家成立のための根本原理を忘却し、思考停止してきた日本人が、沖縄の米軍基地問題を解決できるはずがない。まして、軍事オンチの沖縄には不可能である。

第一、一地方にすぎない沖縄が世界戦略としての米軍基地について議論しようとすることなど笑止である。そんなことは沖縄の範囲を越えている。日本国総理大臣すら越えているのに、まして一県知事が口をだすなど言語道断である。

米軍基地問題は、沖縄の問題ではない。すぐれて日本国の、そして、全日本国民のテーマである。ただし、安保条約と核の傘に守られているという制限のもとでのテーマである。おのずから議論できる範囲は限られている。その条件を知らずに、米軍基地の存在を議論するなど、まして、一地方の沖縄が介入するなど、もっての他である。

沖縄がガタガタいうのではあれば、自分たちだけで解決しろと引導を渡せばいい。甘えるな、沖縄、いい加減にしろ、沖縄！　これが日本国民として言いたいことだ。

●見よ、この一大企業城下町、普天間を！

左の写真は、「危険な基地！」として、撤去を要求する反米・反日、あるいは情緒的な平和主義者が使う写真である。しかし、筆者の見方は違う。

普天間基地という巨大エクセレントカンパニーが立地し、それを基地従業員、取引先、出入り業者、タクシー運転手、大工、左官屋、キャバクラ、大学、学校などのステークホルダーが取り巻く、一大企業城下町と考えている。

エクセレントカンパニー「普天間海兵隊株式会社」と、それを取り巻くステークホルダー（写真：共同）

世界最大級の「海兵隊株式会社」が立地しているおかげで、大繁栄している写真である。これほどの優良企業に出て行けというのは、頭がおかしいか、頭が悪すぎる。筆者なら、三顧の礼をつくすか、脅したりすかしたりして、ずっといてもらう。

本来は基地を辺野古に移転する必要はなかった。この場所でよかった。基地に血税を注ぐのは断固反対である。大震災、財政赤字、日本はただでさえ金がないのである。基地を移転する余裕はない。そんな金があったら、東北復興に投資すべし。沖縄のエゴのために国民の血税を浪費するなど言語道断である。

いったい、普天間基地の事故率は何パーセントなのだ。危険だったら引っ越せばいい。なぜ基地のまわりに大きな街ができたのだ。安全だから人々は住んでいるのではないか。

なぜ沖縄に対して違和感があるのか

●牛島満中将の霊に捧げる

約二十年前、沖縄に講演で行ったことがある。終わった後、タクシーを雇って、沖縄戦の戦跡めぐりをした。たしか一万円で、終日、案内してくれた。親切な運転手だった。

第32軍司令官・牛島満中将が自決した摩文仁丘《まぶにがおか》の洞窟で黙禱《もくとう》し、背後の美しい海における悲劇に思いをはせた。整備された各県出身兵の慰霊碑にも感動した。しかし首里《しゆり》城の地下にある日本軍の司令部跡が埋もれたままであるのを見て、違和感を覚えた。ひめゆりの塔の記念館で、沖縄戦の生き残りとかいうオバサンの情緒的な反戦思想の解説には、反吐がでそうなほど嫌悪感をもった。しかし、救いは、一緒に見学していた高校生らしき集団の風体だった。髪は茶髪で、服装は乱れて、今風の高校生だった。反戦オバサンの解説など、馬の耳に念仏だった。

●日本防衛の最前線という沖縄の宿命

基地問題については、「本土の人は知らん顔で、沖縄に負担を押しつけてきた」というが、これには大いに異議がある。沖縄に押しつけたのではない。戦略的要衝の地としての沖縄が「軍事基地」として最適であったにすぎない。かつて大本営は沖縄を日本防衛の最重要拠点と考えた。沖縄の重要性は、大本営も、アメリカ軍も認識が一致している。

もし、わが故郷の四国が沖縄のような戦略的要衝であれば、大日本帝国は防衛の最前線基地としただろう。戦後は巨大な米軍基地が置かれただろう。アメリカ軍の基地があるのは、戦争に負けた日本の宿命である。アメリカに平和憲法を押しつけられ、軍事力を委ねてしまったツケであって、日本人の責任は大きい。自主独立の精神を喪失した戦後日本人の奴隷根性の結果である。アメリカを非難する資格はない。

反米、反基地を叫ぶならば、アメリカに代わって自衛隊が肩代わりしなければならない。沖縄の戦略的重要性は、戦前も戦後も、日本軍にもアメリカ軍

摩文仁の司令部壕の上の鎮魂のための「雄魂碑」（著者撮影）

牛島司令官の自決跡の立つ「黎明の塔」（筆者撮影）

にも自衛隊にも、まったく変わりない。情緒的な反戦・反基地は、アジアの軍事情勢をまったく理解しない幼児性の強い屁理屈である。

●日本の象徴・戦艦大和が突入した……帝国陸海軍は全戦力を投入した

沖縄の反戦主義者が、日本軍の悪口をいうことに対して、違和感をもつ。帝国陸海軍は沖縄というより日本防衛のために戦ったのである。今日もなお日本人の誇りである戦艦大和は、そのために出撃したのである。無謀な作戦であると反対した第二艦隊司令長官の伊藤整一中将に対して、兵学校同期の連合艦隊・草鹿龍之介参謀長が戦艦大和に飛来し、「一億玉砕のさきがけとして立派に死んでもらいたい」と述べた。それを聞き、伊藤中将はやむなしと納得したという（吉田満『戦艦大和の最後』）。

沖縄を捨て石にしたというのも間違いである。大本営は、沖縄を決戦地として全戦力を投入したのである。捨て石にする余裕などありはしない。全国から集まった日本軍の精鋭十万人が米軍阻止のために戦った。まさに元寇の時の鎌倉武士が馳せ参じたことと同じだ。特攻隊の若者が死出の旅路に飛び立ち、日本の至宝・戦艦大和が特攻出撃し、大本営と日本人は、まさに死に物狂いで戦ったのだ。沖縄を捨て石にしたなどというのは、特攻隊の若者、戦艦大和ととともに沈んだ三千の将兵、鉄血勤皇隊、ひめゆり部隊、戦死した二十万人の日本人に対する最大

第62師団の慰霊碑（4月1日上陸した米軍の矢面にたって奮戦した師団）（筆者撮影）

の侮辱であり冒涜である。

たしかに多くの沖縄県民が死んだ。しかし、おそかれはやかれ、本土もそうなる運命にあった。沖縄だけが不利益をこうむり、本土の日本人はぬくぬくと、楽をし得をしていたという言い方もおかしい。沖縄人も本土人も同じ日本人である。沖縄の痛みは日本人の痛みである。

アメリカ軍は、沖縄戦における日本軍の獅子奮迅の戦いを経験し、日本軍おそるべしを悟り、本土決戦での百万人の米兵の損害を覚悟したのである。ガダルカナル戦、ミッドウェー戦、レイテ戦、ルソン戦、硫黄島戦と、幾多の戦場での日本軍の強靭な戦いを知って、アメリカは日本人を畏怖し、尊敬もしたのである。ここが中国人や朝鮮民族と、決定的に異なる点である。現代の我々は、父祖達の善戦敢闘に思いをいたし、父祖達の奮戦に誇りをもち、胸を張って生きてゆかねばならない。宮本武蔵の「われ事において後悔せず」である。

たかが一県知事が国家政策を揺るがすこと自体が異常である

辺野古問題において、一県知事が、その行方を左右する現状は異常である。辺野古問題は、すぐれて「国家問題」であって、「沖縄問題」ではない。沖縄が独立国ならば別だが。日本国の一県であるかぎり、日本政府は、その権威と権限と矜持をもって毅然と対処すべきである。一県の一知事に振り回されるのは「日本人」として許しがたい義憤を感じる。沖縄は沖縄県であって独立国ではない。一地方である。沖縄のエゴによって、日本の防衛問題が左右されるのは間違いである。沖縄に引導を渡す政治家はいないのか。沖縄は日本国の一県であり、一県を越えるものではない。県は県であって、それ以上でも以下でもない。

歴代政府が腫れ物にさわるような対応をしてきたことが間違いである。沖縄が日本政府の方針に従わないのであれば、断固たる対処をするべきである。沖縄は日本国の「公共財」であって、沖縄の私物ではない。論理に合わない理不尽な反対には断固たる対応をすべきである。現行法でできないのであれば、法律を制定し、実行すべきである。すべては国益が優先する。沖縄の私益は許されない。

反日の牙城としての沖縄

沖縄基地問題が、共産主義を信奉する人間や、反日思想の連中の共闘の拠点となることも許されない。左翼勢力による第二の安保闘争という見方もある。本土では行き場を失った左翼過激派が沖縄に活路を見いだしている。韓国人や朝鮮人が活動している。もちろんシナの工作員が暗躍しているだろう。

沖縄がゴネればゴネるほど、過激派を利することになる。北朝鮮を支持する連中や、シナの意向を受けた連中もいるという。沖縄問題は、もはや反日運動の一大拠点となっている。こういう現実に対して、日本政府は納税者たる日本国民の意思を代表として毅然たる対応をすべきである。

結論としていいたいのは、沖縄の基地問題は、もううんざりというのが健全な普通の日本人の思考である。基地問題で振り回され、税金を浪費し、時間を浪費し、国益を害するのは、いい加減にしてくれということである。沖縄のエゴを許していると、基地問題は永久に解決しない。沖縄がアジアの戦略的要衝であるかぎり軍事基地はいる。

軍事基地としての沖縄の比重は大きい。戦後七十年を費やして造成してきた軍事基地の価値は高い。金額にすると天文学的な数字になるだろう。簡単に代替地は見つからない。まして財政難のアメリカも、日本も、おいそれと新しい基地を造成できない。

国民の税金を浪費しないためには、普天間の基地はそのまま使うのが、一番効率がよい。危険だというが、それを承知で飛行場の近くに移住してきたのである。もともと何もない場所が、飛行場になり、それを目当ての人間が集まり、商店ができ、人家ができたのである。とつぜん街中に基地を作ったのではない。この順番を論理的に把握しておかないと思考を誤る。今、沖縄にかまっているひまはない。我等の血税が浪費されるのが我慢ならんのだ。だから、言いたい。「いい加減にしろ、沖縄！」と。

第十三章

大学のトンチンカン

大学はガラパゴス化している

●山中伸弥先生の講義を聴きたいものだ

筆者は、十五年間、ある私立大学の経営学部において、非常勤講師として教えたことがある。若い人に教えることは、新鮮であり、喜びだった。雨水が、砂にしみこむように、吸収する若者の無限の可能性のすばらしさを経験した。十五年間の経験で分かったことは、学生の向上意欲とはうらはらに、大学人という人種の怠慢と勉強不足である。クビの心配も、上司の叱責も、売り上げのノルマの心配もないから、地位に安住し、能力が進化をやめ、退化している。まさにガラパゴス大学である。

筆者は、長年、経営コンサルタントとして、大企業のビジネスマンを相手に講義してきたから、大学生に教えることは簡単だった。ビジネスマン相手の真剣勝負の世界で生きてきたので、教えることに関してはプロだと自任していた。

十五年間、大学で教えてみて、大学の先生達の教え方は素人だと思った。企業やビジネスの世界では通用しないと思った。あの教え方では学生が満足しないのは当然である。十年変わらない同じノートを使い、下を向いて、ボソボソ喋ったら、企業だったら、即、お払い箱である。授業料を払っている学生に失礼極まりない話である。

しかも教えるのが下手な先生に限って、「自分は研究が中心である」と言い訳をしている。しかし、一流の学者は、研究も教授も一流である。二流の学者こそ、研究も教授も二流である。授業を受けたことはないが、ノーベル賞の山中伸弥先生や本庶佑《ほんじよたすく》先生の授業は、おもしろく、楽しく、時間を忘れて聞きほれるはずである。第一級の研究を、第一級の講義で、話してくれるだろう。

●学生を満足させる教え方の秘訣

自分で言うのは、気が引けるが、大学では学生たちに人気があった。いつも教室は満員であった。親衛隊のような学生が何人もいて、私語をする学生に対して、彼らが注意してくれた。授業は休講したことはなかった。同時に、学生に欠席をゆるさなかった。その理由として、「この大学には○○億円の補助金という税金が投入されている。ゆえに、国民の税金を使っている以上、私は休講しないが、君たちも欠席してはならない」と厳重に注意した。

また四月の最初の授業のころは遅刻する学生が多い。それを防ぐ方法として、実行したのは、遅刻した学生が入ってくると、そのたび授業を中断して、「そこの学生、前に来なさい」と言って前に出させる。学生が目の前に来ると、「なぜ遅刻したのですか」と聞く。そうすると学生は「寝坊しました」と言う。この理由が圧倒的だった。そこで「君は子供ですか」と目を見ながら言うと、困惑している。そこですぐ「オッケー、席についてよし」と学生を解放する。学生を追い詰めないことである。そうして授業を再開していると、また遅刻学生が入ってくる。そこでまた授業を中断し、同じ注意をする。これを四月中はずっと実行する。すると、あの先生の授業は遅刻すると、前に出されて「君は子供か」と言われる。それが嫌なので、四月の終わりごろには遅刻をしなくなる。

こんなこともあった。授業を受けていた学生が、途中から遁走《とんそう》しようとするのである。これもよくあることである。筆者は、ただちに親衛隊の学生に向かって、「あいつを捕まえろ」と命じて、筆者も一メートルくらいの高さの教壇から、飛び降り、一緒になって追っかけた。今思うと、あの頃は五十代で、まだまだ元気だった。あの元気さが、学生にも伝播し、おもろい先生だと思われたのだろう。

●三千億円の血税が投じられている

大学には巨額の私学補助金（税金）が投じられている。たとえば、平成三十年度、大学五百七十一校に対して二千九百六十億円である。短大二百九十一校に対して二百億円である。合計八百六十二校に対して三千百六十億円である。簡単にいうと、大学八百校に対して、税金三千億円と覚えていただきたい。

個別大学のベスト五校は、①早稲田大学：九十七億円、②慶応大学：八十七億円、③東海大学：六十五億円、④立命館大学：六十四億円、⑤日本大学：五十八億円である（例年、トップを争う日大が不祥事で三五％カットである）。

これを学生一人に換算すると、大学生は十五万三千円、短大生は十七万二千円である。大学と短大を合わせると、大学生一人に対して、約十六万円の血税が使われている。これは驚くべき金額である。しっかり勉強してもらわないと困る、どころか命がけで勉強せい、と叱咤したい。

●M学院大学の戸塚グラウンド

もう一つ書いておきたいことがある。M学院大学のことである。筆者の尊敬する英語の達人、故・松本亨の卒業した大学である。筆者が東京高輪に事務所を持っていたころ、M学院のキャンパスは近かった。筆者の友人が教授をしていた。そんな関係で、書きにくいのだが、大学問題の象徴として指摘しよう。

筆者の住んでいる横浜市戸塚区俣野町に、昭和電工がもっていた広大な野球場を含めた多目的グランドがあった。筆者の子供が小さいころは、このグランドで町内全域の大運動会が開かれていた。数多くの小学校や中学校を含んだ大運動会なので、広大な昭和電工のグラウンドしかなかった。数多くの面白いプログラムがあり、毎年楽しみの行事だった。

しかし、ある年から、このグラウンドが使えなくなり、大運動会も中止になった。理由はM学院が、横浜キャンパスを創設し、野球部などのグラウンドとして昭和電工から買い取ったからである。昭和電工時代は、地域に開放されていたが、M学院の所有になってからは、学生専用になり、地域住民が使えなくなったのである。筆者は散歩コースとして、毎日のように、このグラウンドの側を通っている。学生が野球をしたり、テニスをしたりしている。地域住民の姿はない。

このM学院にも、国民の血税（補助金）が、平成三十年度で、九億円投入されている。だったら、このグラウンドは、血税を払った国民（地域住民）も使う権利がある。グランドで野球に興じている学生には、一人当たり十六万円の血税が投じられている。「冗談ではない」と、M学院に言いたい。地域住民を締めだして、野球に興じる大学生に対して、「君たち、誰のお陰で野球ができるのだ」と言いたいのである。

●大学経営は、左うちわ、右せんぷう機

もう一つ言いたいことは、大学経営はラクチンだということだ。左うちわ、右せんぷう機である。その証拠に、大学がつぶれたという話は聞いたことがない。もちろん、地方の短大などは経営が悪化している。しかし、大都市に立地している四年制の大学の経営は安泰である。たとえば、M学院大学は昭和電工のグラウンドを買い取った。K女子大は、松竹大船撮影所を買い取った。大学とは、つくづくと金があるのだと思った。新聞には私立大学がデカデカと大きな広告を出している。あの広告代だけでも巨額である。

よく考えると、大学は学生から授業料を徴収する。一人から数十万円である。学生数が数千人、一万人、数万人になると、授業料収入は巨額になる。たとえば、単純に仮定すると、授業料が五十万円×学生数が一千人＝五億円の授業料収入である．その四年分は二十億円となる。その上、企業のように設備投資とか、研究投資とか、海外進出とかに投資するわけではない。

企業のように、不況とか、売り上げの減少とか、危機の発生などはない。大学経営は不況でも、好況でも、変わらず収入があり、安泰である。筆者の好きなフーテンの寅さんの啖呵売のセリフを借りると、「大学経営とは、結構、毛だらけ、ネコ灰だらけ、お尻のまわりはクソだらけ」となる。

結局、大学は儲かっているのだから、地域住民や、国民に大学を開放せよ。ジイサン、バアさんの散歩コースにグラウンドを開放しろ、空いている教室でカラオケを歌わせろ、と言いたい。

大学は授業改革を行うべし

●細切れ型授業を止めるべし

大学の授業、とくに文科系の授業には問題が多すぎる。文科系の授業は、形式だけは小学校、中学校、高校と同じで、六十分か九十分単位の「細切れ型の授業」である。工学部の「演習」のように、長時間の授業はない。

この細切れ型の授業には、さらに問題がある。すなわち文科系では、必須科目もあるが、多くは学生の選択科目になっている。科目を自由に選べるのである。ゆえに、高校のように、一週間すべての時間が分刻みで、びっしりと埋まっていない。授業がある日で、多くて四、五科目、少ない日は二、三科目である。一科目という日もある。一週間、びっしりと埋めている学生などは皆無といっていいだろう。文科系の学部は、学生が遊ぶようにできている。その上、先生が休講するから、時間割は、一層、虫食い状態でスカスカである。そうなると、学生は、必然的に雀荘に向かうか、アルバイトに励む。

この細切れ型の授業方式は、戦前の帝国大学の時代からの伝統である。帝国大学に学ぶような学生は大変優秀であり、選ばれたエリートであるから、細切れ型の授業において知識を教授すれば、それをもとに自ら考え応用できる学生が多かった。しかし、現代のように大学が八百校もある時代には、高校の延長のような大学と学生も多い。細切れ型の授業で、科目が自由な選択制となれば、学生はますます勉強しなくなる。

筆者も、大学に入ったとたんに、目的を失い、四年間を漫然と過ごしてしまった。今、それが最大の後悔と反省である。大学四年間、徹底的に授業で鍛えてくれていたら、その後の人生は大きく変わっていただろう。

とくに、語学の授業などは、一カ国語だけを、徹底的に鍛えるべきだった。当時、語学は英語とドイツ語（あるいは仏語）の二カ国だったが、英語すら満足にできないのに、ドイツ語など絶対に不可能である。英語と独語（仏語）を学ばせたのは、帝国大学のエリート学生の授業方式である。しかし、高校の延長のような大学生には、二カ国など絶対に無理である。

●文科系にも技術教育を行うべし

文科系の授業にはイノベーションが必要である。旧態依然たる授業方法が、戦後七十年間も続いている。工学部は技術教育が中心であるが、文科系は知識教育である。しかも、十年、同じノートを使うようなふざけた先生もいる。

すでに述べたように、文科系の知識教育も戦前の帝国大学からの伝統である。ただし、帝国大学は、専門知識の教育が中心だった。初歩的な知識の伝授ではない。帝国大学には旧制高校から進学した。当時、旧制高校生はほぼ全員が大学に進学できた。旧制高校時代、基本的な知識や思考方法は、十分に鍛錬されており、帝国大学に入ると、即、高度な専門教育に進んだのである。

文科系学部のイノベーションとして、技術教育が必要である。とくに、「読み、書き、話す、考える」の言語に関する技術教育を提唱したい。なぜならば、読み、書き、話す、考える、この四つの能力と技術は、人間の根本能力であり、根本技術であるからだ。残念ながら、この四つについて、十分な能力を持っている人間は少ない。

筆者は、ディベートを通じて、約三十年間、読み、書き、話す、考える、を教えてきたが、これは永遠のテーマであると実感している。

ディベートは、議論・討論・論争と日本語で訳しているが、ディベートは単なる議論・討論・論争ではない。それは表層的な見方である。ディベートは言語技術の頂点、すなわち最高峰に位置するものである。読み、書き、話す、考える、この能力（技術）に精通しないと、ディベートはできない。逆にいうと、ディベートを通じて、読み、書き、話す、考えるという人間の四大能力と技術をマスターすることができる。

ここでディベートを定義しておこう。すなわち、広義の定義では、ディベートとは「読み・書き・話す・考える」の四つの言語能力と言語技術のことである。狭義の定義では、ディベートとは「議論・討論・論争の技術」である。

文科系学部において、最優先で教える教育が、読み、書き、話す、考えるであり、それをマスターする方法として、ディベート教育が必須である。これは三〇年間の言語能力・言語技術の教育経験から到達した結論である。

結局、ディベート教育を行うことで、第一に、人間の根本能力としての読み・書き・話す・考える能力（技術）をマスターできる。第二に、議論・討論・論争の技術をマスターできる。社会において、正々堂々たる議論・討論・論争をできることは、きわめて重要な能力である。国際的にみると、この能力が弱いのが日本人である。グローバル時代、この能力の開発は大きな課題である。

東京駅のトンチンカン

●東京駅の景観を背後の高層ビルが壊している

東京駅は、東京帝国大学卒の名建築家、辰野金吾《たつのきんご》が設計したものである。大正三年（一九一四年）に竣工している。今年、令和元年で百五年になる。歴史的な建造物である。赤いレンガ造りで、重厚で、威厳があり、しかもモダンで、おしゃれな建物である。

問題は、せっかくの辰野金吾の歴史的な建物も、背後に高層ビルが建っているから台無しである。高層ビルが、東京駅の上にのしかかるように建っている。日本人は、なぜ、こういう無残な光景が起きることを、あらかじめ想像できなかったのか。そして、その無残な光景を、長年、放置してきたのか。高層ビルを建設すると、東京駅の景観を壊すという考えに至らなかったのか不思議である。

これに対して、フランスのパリの家並みは、高さがきちんと決まっており、美しい景観を保っている。パリでは、古く十七世紀から高さ制限を行い、十八世紀をへて、十九世紀に大改造計画のもと、ほぼ現在の景観になった。この見事な計画性に驚く。三百年も前から景観を考えて、都市計画を立てているのである。その計画性に、ただただ感心するばかりである。東京の無計画性、行き当たりばったりは、国民性なのか、大変残念である。

●東京のスプロール化・無秩序な拡大

さらに高さ制限だけはなく、広がりも問題である。東京はスプロール化している。すなわち、無秩序に拡大している。計画性がまったくない。近代都市であるのに、たんぼや畑が残っている。住宅の中に畠があったり、ビルの谷間で田植えをしたり、ハチャメチャである。これでは都市における土地の効率と生産性が大変悪い。

パリがいったん立ち止まって、都市計画を練り直したように、日本も、総理大臣が音頭をとり、都知事が先頭になって、都市計画を進めるべきである。遅すぎるかもしれないが、東京オリンピックをきっかけに都市計画を練り直すべきである。日本国家百年の計とは、東京大改造計画のことである。

●通勤地獄は解消されていた

もし、建造物の高さ制限し、スプロール化を防いでおけば、東京はコンパクトな都市になっていただろう。都内の高さは三階から五階にし、平屋は許可しない。さらに住宅の建築は山手線内だけか、半径三十キロから五十キロ圏内に制限する。そうすると、住宅はある一定の面積の中に収まる。現在の東京都内のように、無秩序に、アメーバのように伸びた無残な光景はなくなる。

最大の効果は、遠距離通勤地獄の解消である。現在は、アメーバのように都市が拡大した結果、郊外は無限に広がり、住む家は、神奈川、埼玉、千葉へとますます遠くなる。それに伴って、通勤距離はますます遠くなる。

もしコンパクトに東京をまとめておけば、会社は、山手線内か、小さな半径に収まる。自宅も、東京都内から遠く離れず近くになる。当然、通勤距離は短く、通勤地獄はなくなる。

●戦史に学ぶ戦略的思考力

このような無計画性は、日本民族の欠陥なのか。細部には芸術的、職人芸的にこだわり、見事に作り上げる能力があるのに、巨大空間の設計にはお手上げである。すなわち、日本人は、戦術的には天才であるが、戦略的には無能である。

さて、ここで戦略と戦術の違いを歴史の事例から学習してみよう。たとえば、太平洋戦争劈《へき》頭《とう》の真珠湾攻撃である。真珠湾作戦は、世界史の中に燦然《さんぜん》とかがやく、空前絶後の作戦事例である。六隻の空母を運用し、ヒトカップ湾を時間通りに出撃し、時間通りに真珠湾を攻撃し、時間通りに引きあげてきた。

当時、空母を六隻も運用できる海軍は世界に皆無だった。現在のアメリカの空母艦隊は日本海軍から学習したものである。しかも、六隻の空母から飛び立った第一次攻撃隊の百八十機が、わずか十五分で編隊を組み、まっすぐ真珠湾に向かった、これはありえざる芸術的な芸当である。当時の日本海軍のパイロットの技量が神業《かみわざ》だったことを証明している。

しかし、山本五十六が計画した芸術的な真珠湾作戦も、世界史からみると、戦術的作戦だった。対米戦争という戦略的に絶対にやってはならない戦争を発起したからである。その結果、「戦略の過ちは戦術では補えない」という戦理の通り、三百万人の日本人の死をもって終わった。

太平洋戦争が終わって七十四年、敗戦から幾多の教訓を学習してきた。しかし、現在もなお日本人は戦術的にはすぐれた民族であるが、戦略的思考力に欠け、戦略オンチのままである。新しい令和時代をむかえ、戦略的民族として脱皮しなければならない。戦術的思考では、東アジアの危機を乗りこえることはできない。今の日本には、国家百年の大計である国家戦略が必要である。とくに、中国、北朝鮮、韓国、ロシアの軍事攻勢を前にして、国家百年の日本の軍事戦略の必要を痛感する。そのための事始めとして、防衛費ＧＤＰ二パーセントは緊急の必達課題である。

●閑話休題……古都京都のスプロール化を防げ

京都も、このまま放置しておくと、高さと広さの二つがスプロール化する。無秩序な高さのデコボコ都市となり、無秩序な都市の広がりである。その象徴が京都タワーだった。京都タワーを建てさせたことが、古都京都のスプロール化の始まりだった。

京都タワーは、昔、建設する時、大きな騒動になった。完成は昭和三十九年である。数々の論争があったが、今、京都タワーホテルとして営業している。現在、景観論争はなくなり、京都市民に受け入れられているように見える。

しかし、筆者は、京都タワーは京都の景観を台無にしたとは言わないが、京都にふさわしくないと考えている。パリのエッフェル塔のように、美しく、優雅で、おしゃれな建造物ではない。エッフェル塔はパリのシンボルであるが、京都タワーは京都のシンボルではない。京都タワーは人が宿泊するホテルである。エッフェル塔はホテルではない。

フランスの肩を持つわけではない。京都という世界に冠たる都市を、世俗的な建物でもって、その価値を下げたくないのである。京都の全都市の高さ制限をし、無秩序な都市の広がりを規制し、平安朝の優雅な都市として残したいのである。

エピローグ

その1――日本経済新聞「私の履歴書」……西暦を使うトンチンカン

日本経済新聞の最終頁に「私の履歴書」という欄がある。一カ月間連載する自伝である。昭和三十一年にスタートした有名な欄である。過去、松下幸之助や本田宗一郎など、歴史上の有名人が登場している。「私の履歴書」は、日本の戦後史であり、貴重な歴史の記録でもある。

筆者も、長年、愛読してきた。本日も読んだし、読まない日はない。「私の履歴書」を読まないと一日が始まらない。ただし、出来不出来がある。東大など有名大学を出て、官僚になったり、一流企業に就職したりした人の私の履歴書は、ざっくり言ってまったくおもしろくないし、参考にならない。最初から出世が約束されており、劇的な展開がない。立志伝の人物や、名優や芸術家などは、波乱万丈で大変おもしろい。

この原稿を書いている令和元年六月編は元官僚の話で、おもしろくない。読者からみると、東大出の学校秀才が予定通りの人生を送っており、おもしろくも、おかしくもない。前月五月は、脚本家の橋田壽賀子で、ドラマ『おしん』にまつわる逸話など、大変おもしろかった。

さて、問題はここからである。「私の履歴書」の唯一の問題は、年号を西暦で統一していることである。日本経済新聞は、朝日新聞などと同じで、紙面の年号を西暦で統一しているから、「私の履歴書」も西暦で統一しているのである。

しかし、これは明らかにおかしい。新聞本紙と「私の履歴書」は目的が違う。「私の履歴書」は自伝という個人の歴史の記述である。歴史には長年の慣例と伝統がある。明治、大正、昭和の生まれの人は、自分の生年月日について西暦を使わない。たとえば、筆者の場合、生年月日は昭和十八年四月六日である。決して一九四三年四月六日とは言わないし、言ったこともない。これは物心ついてから、六十年以上、自分の生年月日を言う時の慣例であり常識である。

「私の履歴書」でも、たとえば音楽家の山下洋輔などは、なんのためらいもなく、一九六七年などと西暦だけで表記している。括弧して（昭和四十二年）と表記していない。しかし、元号にこだわる人は、西暦の後に括弧して元号を表記している。橋田壽賀子の「私の履歴書」も、西暦の後には、必ず括弧して昭和何年と記載している。橋田のような脚本家は数多くの作品の中で、年号を表すのに明治、大正、昭和を使ってきた。名作『おしん』は明治時代から始まる物語である。西暦で書いたのではドラマにならない。

これは筆者の推測だが、橋田壽賀子は「私の履歴書」の中の年号を元号で表現したいと思ったはずだ。西暦を使いたい編集部と軋轢があったと想像できる。明治、大正、昭和生まれの日本人は元号を使うのが常識である。元号は日本文化の象徴である。西暦が優勢な時代だが、元号を使って、日本人としてのアイデンティティを持ちたいと筆者は思っている。便利でありさえすればいいという西暦派は、西暦すなわちキリスト暦に迎合している精神の貧困さが情けない。イスラム暦を重んじるイスラム教徒の根性を見習いたい。

その2――朝日新聞よ、たまには安倍さんを褒めたらどうだ

長年、朝日新聞と産経新聞と日本経済新聞の三紙を取っている。まず左の朝日を読み、続いて右の産経を読み、その後、中立の日経を読んで、バランスを取っている。三紙とも、筆者の予想通りの記事で、外れたことはない。逆に言うと、あまりも陳腐で、紋切型で、ステレオタイプの編集である。そこにはイノベーションも、革新も、変革も、まして革命はない。百年一日のごときである。

さて、とくに朝日新聞に言いたいことがある。すなわち、たまには、安倍さんを褒めろ、と

いうことだ。第一次を含めると安倍さんは政権を担当し、約八年になる。しかし、朝日新聞は、安倍さんに対して批判と非難に終始してきた。ただの一度も、安倍さんを褒めたことはない。どの紙面を開いても、くる日くる日も、一年三百六十五日、政権批判ばかりである。ありとあらゆることに文句を言い、イチャモンをつける。日本には泥棒にも三分の理があるという諺がある。一〇〇%極悪非道などという人間は、この世に存在しない。地球上のすべての存在物には是非があり正反がある。

朝日新聞ほど根性がひん曲がった新聞はない。百年に一度ぐらいは褒めたらどうだ。マラソンの故・小出監督ではないが、小出さんは褒めて、高橋尚子や有森裕子などの有名選手を育てた。褒めることは人を育てるための最重要な方法である。もちろん、褒めて、叱って、褒めて、叱ってだが、とくに褒めることの重要性を、小出監督は実践し、実績を残した。人は褒めないと育たない。

しかるに、朝日新聞は、叱るばかり、足を引っ張るばかり、けなすばかり、批判するばかり、非難するばかりである。これでは人は育たない。身構えるか、萎縮するだけである。

もし朝日新聞が、ある日、第一面で「ガンバレ、安倍さん、朝日新聞は安倍政権を支持します」という大見出しを載せたら、天地はひっくり返り、太陽は西から昇り、安倍さんは連続バク転をして、大はしゃぎするだろう。

そうすると、当然、褒められた安倍さんは、一所懸命に仕事に励むだろう。閣僚もがんばるだろう。安倍さんの号令で中央官庁の役人が率先して動く。そうすると、地方の知事も市長も、役人も、安倍さんに歩調をあわせて、がんばる。政府、官公庁が動くと、民間も動く、そうすると経済は活性化し、個人消費は伸び、GDPは拡大し、経済はさらに成長する。

人を褒めると、どんどんと波及し、いいことずくめの結果を招来する。経済学では乗数効果というが、安倍さんを褒めると、経済の乗数効果と同じ効果をもたらすのである。庶民は、これを風が吹いたら桶屋が儲かるというが、安倍さんを褒めたら、桶屋も儲かり、庶民も儲かり、国全体も儲かるということになる。

まあ、いずれにしても、人をけなすよりも、褒める方が気持ちいい。朝日新聞よ、百年に一度でいいから、安倍さんを褒めてみろ。人をけなして嫌われるより、人を褒め、人に感謝される人生も、また楽しからずやである。

最後に、本書を最後まで読んでいただきました皆様には、心より御礼を申し上げます。ありがとうございました。合掌

御礼を申し上げます

本書は多くの方々のおかげで完成いたしました。出版に関しましては、ワック株式会社書籍編集長の仙頭寿顕さんに大変お世話になりました。また資料データにつきましては、神奈川大学名誉教授北岡正敏先生、および、シンクタンク戦略大学の以下の同志会員に大変お世話になりました。あらためて御礼を申し上げます。

青木恒、長谷川賢二、押田信昭、竹内勇人、近藤次美、宮村啓路、正岡志気、江原裕、秋山俊介、柳澤賢治、黒崎浩、辻俊昭、清水健三、河村憲之、松元俊夫、仲戸靖、北岡憲太郎、北岡貴之

令和元年六月吉日

「シンクタンク戦略大学」代表　**北岡俊明**

北岡俊明（きたおか・としあき）

■専門①「戦争論・戦略論」②「ディベート論」。■昭和18年徳島市生まれ。大阪市立大学経済学部卒業。企業勤務後、財団法人流通経済研究所主任研究員を経て独立。■現職、日本ディベート研究協会会長、「シンクタンク戦略大学」代表。■著書50冊。主著として『企画能力』（こう書房）『ディベート能力の時代』『本田宗一郎の経営学』（産能大学）、『葉隠の経営学』（総合法令）、『ディベートがうまくなる法』『ディベートからみた東京裁判』『日本人の戦略的失敗』（以上、PHP研究所）、『韓国の大量虐殺事件を告発する』（展転社）、『国民のための戦史教科書』『政治家がアホやから政治がつまらん』（以上、シンクタンク戦略大学）、『日本アホバカ勘違い列伝』（ワック）などがある。
メール：kitaoka@japandebate.com

日本《にほん》トンチンカン悪者列伝《わるものれつでん》

2019年8月11日　初版発行

著　者　北岡 俊明

発行者　鈴木 隆一

発行所　ワック株式会社
東京都千代田区五番町4-5　五番町コスモビル　〒102-0076
電話　03-5226-7622
http://web-wac.co.jp/

印刷製本　大日本印刷株式会社

ISBN978-4-89831-798-3